Wie man in Berlin zur Zeit der Königin Luise kochte

Wie man in Berlin zur Zeit der Königin Luise kochte

Ein gastronomischer Beitrag
nach den im Jahre 1795 niedergeschriebenen
Aufzeichnungen

von

F. C. Fontane
geb. Werner

Berlin 1903, F. Fontane & Co.

Fotomechanischer Nachdruck
Das Original
wurde dem Verlag freundlicherweise
vom Theodor-Fontane-Archiv
der Deutschen Staatsbibliothek
zur Verfügung gestellt.

Wie man in Berlin
zur Zeit der Königin Luise kochte:
nach Aufzeichn. von F. C. Fontane,
geb. Werner.
– 1. Aufl. – Reprint. – Berlin:
Verl. Die Wirtschaft, 1989. – 256 S. –
Nachdr. d. Ausg. von F. Fontane,
Berlin 1903

ISBN 3-349-00579-9
© Verlag Die Wirtschaft 1989
1055 Berlin, Am Friedrichshain 22
Lizenz-Nr. 122;
Druckgenehmigungs-Nr. 195/328/89
LSV 4806
Printed in the German Democratic
Republic
Gesamtherstellung:
Grafische Werke Zwickau
Bestellnummer: 676 398 6

Vorwort.

In einer Zeit, da man auch bei uns in Deutschland anfängt, der Memoiren-Literatur erhöhte Bedeutung beizumessen, entbehrt der vorliegende Beitrag zur Frage der kulinarischen Genüsse aus den Tagen der Königin Luise wohl nicht eines gewissen Interesses.

Es ist im Allgemeinen die Anschauung vertreten, als sei im „armen" Preußenland um die Wende des 18. Jahrhunderts bis weit über die März-Tage hinaus ein feinerer Geschmacksinn nicht ausgeprägt gewesen. Erst das neu erstandene Reich mit seinem Milliardensegen hätte auch in der Kochkunst Preußens und seiner Hauptstadt erhebliche Kultur-Fortschritte geschaffen.

Die hier nachstehend aufgeführten Kochrezepte sind den handschriftlichen Aufzeichnungen einer vortrefflichen Frau zu verdanken. Sie legen beredtes Zeugnis dafür ab, daß man schon um das Jahr 1800 in Berlin einen feinen Tisch mit Beigabe von Delikatessen aller Art sehr wohl kannte und zu würdigen wußte.

Gar manches Gericht, das jetzt von unserm Tisch verschwunden ist, wird die deutsche Hausfrau von 1904 nach den hier folgenden Angaben versuchsweise ihrem Repertoir wieder einverleiben und durch Anwendung moderner Hülfsmittel

vielleicht dauernd zur. Geltung bringen. Info=
fern bietet „Wie man in Berlin zur Zeit der
Königin Luise kochte" für die zeitgenössische
Generation auch einen praktischen Wert.

Die Verfasserin der vorliegenden Sammlung
,Auguste Wilhelmine Friedérique Charlotte Fon=
tane', geb. Werner, war die dritte Frau von Pierre
Barthélemy Fontane, dem späteren, 1826 in Berlin
verstorbenen Kabinetsfekretär der Königin Luise.
Näheres darüber hat dessen Enkel, unser Alt=
meister Theodor Fontane, in seinem Buche ,Meine
Kinderjahre' (vergleiche Seite 2) erzählt.

Und so möge denn dieser Beitrag beim Leser
,des 20. Jahrhunderts' in zwiefacher Hinsicht
freundliche Beachtung finden: als kulturhisto=
risches Dokument und als praktischer Ratgeber
in vielen Fragen der delikaten und ,deliziösen'
Zubereitung von schmackhaften Speisen.

Uns treibt jedoch nur ein reiner Akt der Pietät,
diesen, wohl für fremde Augen niemals berech=
neten schriftlichen Nachlaß unsrer trefflichen Groß=
mutter an die Öffentlichkeit zu ziehen. Wir haben
aus diesem Grunde auch Schreib= und Redeweise
der Original=Handschrift bestehen lassen und die
äußere Ausstattung des Buches der damaligen
Zeit angepaßt.

Steglitz bei Berlin, im September 1903.

Jenny Sommerfeldt,   Eliese Weber,
    geb. Fontane.   geb. Fontane.

Inhaltsverzeichnis.

Suppen.

Gemüfe.

Fifch.

Seite

Fleisch=Gerichte.

IX

❧ X ☙

Sooßen.

Pasteten, Puddings und Mehl-Speisen.

☙ XIII ❧

Kuchen, Torten und anderes Gebäck.

XV

Gelées, Compots, Gefrorenes.

XVI

Eingemachtes und einige andere Recepte.

Suppen.

1. Krebs-Suppe.

Man nimmt gute Fleisch-Brühe, läßet darinnen die Krebs-Schaalen, nach dem die Butter herunter ist, kochen; alsdann nimmt man einen Theil der Krebs-Butter und brathet darinnen feingehackte Petersilie. Darauf hacket man die Krebs-Schwänze und Nasen klein. Beym Anrichten werden einige Eyer-Dotter, Sahne, die Krebs-Butter, die klein gehackten Nasen zusammen gequirlt, und so die siedende Suppe darauf gegossen. Will man die Suppe recht weiß haben, und ist die Fleisch-Brühe recht kräftig, so muß man die Schaalen nicht mitkochen. Im Gegentheil kann man auch wieder, wenn man die Schaalen recht viel kochen läßet, die Suppe ganz ohne Fleisch-Brühe machen, alsdann nimmt man aber mehr Sahne dazu.

2. Französche Suppe.

Man nimmt sehr gute, kräftige Fleisch-Brühe. Wenn es so weit ist, daß die Suppe geklähret ist, thut man dazu vier bis 5 Köpfe Welschkraut, welches bloß geviertheilt wird, eine starke Hand voll Teltower-Rüben, einige gelbe Rüben und Borree und läßet es gahr kochen. Ohngefähr eine halbe Stunde vor dem Anrichten wird die Suppe mit denen Ingredenzien in eine Castrolle gethan, und darauf wie ein Finger dick geschnittene, gröstete Semmel gethan. Dieß muß eine halbe Stunde über dem Feuer ziehen. Die Fleisch-Brühe wird beynah gelbfarben und muß ganz klahr bleiben.

3. Saure Brod-Suppe.

Das Brod wird in Wasser gekocht, doch ohne Salz; wenn sie durchgeschlagen, wird weißer Wein, ein oder zwey Citronen, Zucker und Zimmt dazu gethan. Beim Anrichten mit einigen Eyern abgewellet.

4. Hecht-Suppe.

Es dürfen nur zwey kleine Hechte seyn. Die werden geschlachtet und alles Fleisch herunter genommen, die Gräthen gestoßen und sie in Fleisch-Brühe kochen lassen. Die Fische werden darauf recht gehackt und werden ebenso angerührt, wie beym angeschlagenen Hecht. Das versteht sich: die qualité der Zuthathen, nicht quantité. Wenn nun die Suppe durchgegoſſen und gehörig geklährt, Sellerie und Porré und zuletzt gut getrocknete Murcheln, fein gehackte Petersilie und ein groß Stück Butter daran gethan iſt, alsdann wird die erwähnte Maſſe als Klöße hinein gethan. Sie müſſen aber, weil die Fiſche roh ſind, länger denn gewöhnlich kochen, auch backet man die Maſſe wohl in einem Caſtroll-Deckel, ſchneidet beim Anrichten bei Tiſche Streifen davon und die Suppe darüber. Die Suppe wird mit einigen Eyern abgequirlet.

5. Fiſch-Suppe.

Man nimmt die kleinen unbedeutenden und ſchlechten Fiſche, wälzet ſolche in Mehl und röſtet ſie dann in Butter gelbbraun. Dann zerſtampfet man ſie und kochet ſie aus. Doch müſſen ſelbige lange kochen. Dann kleingehackte Peterſilie nebſt Wurzeln daran und in Butter geröſtete Semmel hinein gethan.

6. Eingebrannte Milch-Suppe.

Man nimmt ein groß Stück Zucker, feuchtet es etwas mit Waſſer an und brennt es ſchwartz-braun in einem eiſernen Tiegel oder Pfanne. Dann wird er mit etwas Milch verdünnet und

in die warme Milch gethan. Dann wird diese
mit ohngefähr 6 Eyern, einem Gedanken von
Mehl abgequirlet, gahr von weitem gemacht
und Schnee von Weißey und Zimmt darüber
gethan.

7. Eine Schaum-Suppe.

Ich nehme auf 1 quart Wein und ¹/₄ quart
Wasser 16 Eyer. Von 4 lasse ich das Weiße
zurück. Nun werden diese Eyer in einen großen
Topf geschlagen, damit der Schaum brav steigen
kann. Von 4 Zitronen der Saft dazu gedrückt,
und von zweyen die Schaale fürhero mit Zucker
abgerieben. Süße muß er nun schon etwas stark
gemacht werden, weil man nachhero nicht Zucker
nachthun kann; nun wird der Wein und das
Wasser zugegossen. Eine halbe Stunde, ehe
man zu Tische geht, wird dieser Topf auf ein
Castrolloch gesetzt, so fürhero durchgeheizet.
Nun bleibet man bey einem Schlagen mit einer
Ruthe, bis man merket, daß der Schaum genung
gestiegen ist; man kann solches in dem Löffel
sehen und auch schmecken. Kochen muß er ja
nicht. Von dieser Portion wird eine große Terrine
voll, und er dauert bis in den 2. Tag.

8. Eine grüne Suppe.

Spinat, Petersilie und was man mehr von

4

Kräutern nehmen will, im Mörser gestoßen und durch ein Tuch gewunden. Nun kochet man die Suppe gut kräftig mit Wurzelwerk ab, läßet 2 Löffel voll Mehl in ein Stück Butter aufbrausen und thut solches daran; wenn man sie aufgeben will, gießet man von dem Saft so viel als beliebig daran in den Topf, läßet sie aber nicht damit aufkochen. Dann läßet man $\frac{1}{2}$ quart Sahne aufkochen, schläget 2 bis 3 Eyer-Dotter in einen Topf, quirlet die Sahne dazu und dann die Suppe damit ab.

9. Eine braune Suppe.

Man bestreuet eine Castrolle mit geriebenem Zucker, leget in Scheiben geschnittenes Rinder-Nieren-Fett darauf und läßet sich vom Schlachter das Stück Fleisch geben, wo in der Keule der Wirbel-Knochen in .sitzet. Diesen läßet man sich in einige Stücke hauen, damit das Mark recht auskochet. Nun schneidet man das magere Fleisch in breite Stücke, klopfet es mit dem Messer-Rücken recht tüchtig und leget es auf die Knochen nebst einigen ganzen Zwiebeln, Petersilien-Wurzeln und Gelbrüben. Nun wird die Castrolle dicht zugedeckt und auf ein Castrollloch gesetzet über weniges Feuer, so daß es nur immer so darin schwitzet oder sachte kochet, wo man es dann ofte schütteln muß, so lange es in seiner eigenen

Jus kochet. Wenn nun die wenige Brühe, so darauf, braun genug, so gießet man immer nach und nach Fleischbrühe dazu, bis alles gahr und recht ausgekocht. Hat man aber ein gut Stück Fleisch genommen, so kann Wasser dazu gegossen werden alle mal ohngefähr ½ quart, nun wird die Suppe durch ein Sieb gegossen und man macht so viel, als wie gebraucht wird.

Will man nun Sago drin nehmen, so wird 1½ Viertel Pfd. in einem Topf beynahe ganz gar gekocht, in ein Sieb gegossen, damit das Schleimige ganz davon abgeht; auch kann man einige male warmes Wasser darüber gießen, damit die Suppe nicht trübe durch ihn wird, denn die muß klahr bleiben; nun wird er wieder zu der Suppe gethan. Etwas Sellerie, Lorch und Petersilien-Wurzel kann man sich früher in einem Topf abkochen, auch nach Belieben etwas Blumenkohl; hiemit kochet sie nun etwas durch, und dann wird das Fett rein davon abgenommen; ganz fein gehackte Petersilie muß man auch zuletzt daran thun.

Ein sogenanntes Garten-Huhn gefällt mir aber noch besser in der Suppe. Man nimmt auf ein quart recht gute Fleischbrühe 8 Eyer, 6 ohne und 2 mit Weiß. Diese schläget man tüchtig und thut etwas junge, ganz fein gehackte Petersilie nebst der Fleischbrühe dazu. Hat man nun eine so kleine Castrolle, so schmiert man sie mit Butter aus und beſtreuet ſie mit Weiß-Brod, und thut die Maſſe darein. Nun ſieht man, ſie wie eine gebackene Milch gahr zu machen. Am beſten geſchieht es, wenn man ſie in einer größeren Caſtrolle voll kochendem Waſſer ſetzet; mit der Hand kann man nun fühlen, wie ſie hart iſt, alsdann ſetzet man ſie weg und ſticht ſie, wenn ſie kalt, mit einem ſilbernen Löffel in die Terrine, und gießet die Fleiſchbrühe darauf. Sie läßt ſich auch mit einem Meſſer in breite Stücken als einen Finger dick ſchneiden, wo ſie denn noch beſſer ausſiehet. In klahrer, weißer Fleiſchbrühe ſchmecket es gleichfalls ſehr ſchön.

10. Suppe von Perlengraupen.

Nimm 2 Taſſen Perlengraupen, koche ſolche ſämig, ſchlage ſie dann durch und thue ein gut Stück Butter, etwas Zimmt, Zitronenſchaale, Zucker und etwas weniges Salz dazu. Welle ſie dann mit 3—4 Gelb von Ey ab, thue kleine Roſinen daran und Semmel, welche zuvor in Butter gebrathen iſt, und giebt ſie auf den Tiſch.

NB. Man pflegt ſie auch von Habergrütze auf ſelbige Art zuzubereiten.

11. Sagoſuppe mit rothem Wein.

Man läßt den Sago, nachdem er etliche mal gewaſchen, mit Waſſer eine Stunde kochen, wenn

man von einer Zitrone die Schaale und ein
Stück ganzen Zimmt daran gethan hat. Wenn
es zur Hälfte eingekocht ist, so gießt man den
Topf voll rothen Wein, thut etliche Zitronen-
scheiben und feineu Zucker nach Belieben dazu
und läßt dieß zusammen gahr kochen. Beim
Anrichten kann man geröstete Semmeln rein
thun.

12. Brünellen-Suppe.

Nimm ¼ Pfd. Brünellen, koche selbige in
einem Topf ganz mürbe und reibe sie durch den
Durchschlag. Wenn das geschehen, gießet man
Wein darauf, thut kleine Rosinen, Zitronen-
Scheiben, Zucker, Zimmt, ein wenig Muskaten-
Blüthe daran, setzet es alsdann wieder ans Feuer,
und läßet es kochen. Hernach kannst Du es mit
Gelb vom Ey abrühren, kannst auch wohl
daselbe seyn lassen.

Röste Semmel in Butter und gieße die Suppe
darüber.

13. Water-Souchet oder Water-Zode.
Holländisches Fischgericht.

Die Perschen oder Bährsche werden bloß ausgenommen und in scharfes Salz-Wasser mit
einigen Zwiebeln gahr gekocht; dann werden sie
auf die Schüssel gesetzt, als ob sie davon

schwimmen wollen, und so kalt oder warm mit Butter=Brod gegessen.

14. Wein=Suppe mit Bisquit.

6 Eydotter werden mit 2 quart Franzwein klahr gerührt, Zucker und Zimmt hinzugethan und so auf dem Feuer einmal aufgekocht, doch unter beständigem Umrühren, denn sonst läuft es zusammen. Man kann auch etwas Wasser unter den Wein nehmen. Bisquit oder Plätzchen werden zur Suppe gegeben.

15. Hanbutten=Suppe.

Es werden trockne Hanbutten, auf 12 Per= sonen ohngefähr 1 und ein halb Pfund, mit Wasser in einem 3 Quart=Topf beigesetzt, ein Stück Zimmt und von einer Zitrone die Schaale hinzu= gethan. Sobald die Hanbutten so weich gekocht, daß sie sich durchrühren lassen, werden sie durch ein enges Haartuch gestrichen, nach Belieben Zucker dazu gethan, mit 2 quart Wein noch einmal auf= gekocht und mit großen Semmelscheiben heiß zur Tafel gegeben.

16. Eine Aepfel=Suppe.

Nimm saure Aepfel, schäle sie und laße sie zerkochen. Schlage dann die Suppe durch, gieße

gehörig Wein daran, in gleichen Zucker und
Zimmt. Man nimmt dann geröste Semmel
hinein.

17. Kalte Aepfel-Suppe.

Die Aepfel werden ungeschält in Stücke geschnitten, denn die Aepfelschaalen geben einen
Gallert. Daher ist es besser, man schält sie
nicht, sondern wäscht sie nur. Mit Wein und
Wasser weich gekocht und etwas Zimmt hinzugethan. Wenn die Aepfel recht weich sind, werden
sie durch ein Haarsieb gestrichen, Zucker daran
gethan und kalt aufgegeben.

18. Schaum-Suppe.

Dazu nimmt man auf 1 quart Wein, $\frac{1}{4}$ quart
Wasser, 16 Eyer; von 4en laß das Weiße zurück.
Von 4 Zitronen den Saft, von 2 die Schaale,
ein Stückchen Zimmt und Zucker, es muß schon
gleich etwas süß gemacht werden. Dann geschlagen wie bekannt ist. Zur Hanbutten-Speise
nimmt man diese Sooße. Allein nach der
quantité $\frac{1}{2}$ oder $\frac{1}{4}$ quart Wein und gar kein
Wasser. Auch muß es länger geschlagen werden,
damit es dicker wird.

19. Eine Mandelmilch mit Schaum.

Man nimmt auf 4 quart guter Milch $\frac{1}{2}$ Pfd.
süße und 3 Loth bittere Mandeln. Es werden

solche abgezogen und auf einem Reibeisen gerieben. Die kleinen Stücke, so zurückbleiben, werden fein gestoßen; nun kocht man selbige in der Milch, zieht sie mit 12 Eyern ab, Zucker wird nach Gutdünken daran gethan. Das Weiße von den Eyern wird zu Schaum geschlagen und löffelweise auf die Milch gelegt.

20. Zitronen-Suppe.

Man nimmt auf 8—10 Personen 6 Zitronen, schälet sie und ziehet das Weiße rein ab. Alsdann schneidet man sie in Scheiben, thut die Körner heraus, von 2 Zitronen die Schaale, eine Stange Zimmt, und dann gießet man kochendes Wasser darauf und läßet sie tüchtig kochen. Wenn dieses geschehen, schläget man sie durch ein Haar-Sieb oder feines Tuch, und gießet ohngefähr den vierten Theil Wein dazu, Zucker nimmt man nach Belieben. Nun thut man eine kleine Hand voll Stärke in einen Topf, läßet solche aufkochen und gießet davon an die Suppe bis sie so schleimig wird, wie man sie haben will. Man kann solche warm oder kalt aus Tassen trinken zum kalten Abendbrot, muß aber nur sehr wenig Stärke nehmen, weil solche sehr nachsteiget.

21. Eine frische Kirschen-Kaltschale.

Man nimmt einen Eymer voll oder 8 Pfd.

gute reife, faure Kirfchen, pflücket fie von ihren Stengeln ab, nimmt fodann den 4ten Theil davon ab, zerftößet diefes Viertel, preßt fodann den Saft davon aus und gießet diefen Saft, nachdem die anderen Kirfchen in einen irdenen Schmohrtopf gethan find, auf diefe Kirfchen, fetzt fie fodann auf das Feuer, und läßt fie fo lange kochen, wie man gewöhnlich Kirfchen zu kochen pfleget. Noch vor dem Kochen fchüttet man fo viel Zucker dazu, daß fie über füß werden.

Sobald fie genung gekocht haben, nimmt man fie vom Feuer ab, läßet fie kalt werden, gießet fie fodann in eine Terrine und gießet dazu $1/2$ quart guten Franzwein. Noch muß ich bemerken, daß man auch von einer ganzen Zitrone die Schaale zu den Kirfchen thut, fobald fie gekocht werden follen.

22. Krebs-Budding in der Suppe.

Man nimmt die Krebs-Butter, rühret die eine Zeit, fchlägt 4 oder 5 Eyer darinnen, ein klein wenig Zucker, Muskaten-Blüte und Peterfilie, und Semmel nach Gutdünken. Dann werden die klein gehackten Krebs-Nafen und Scheeren dazu gerühret; ift es etwas zu derb, fo kann Sahne oder Milch hinzu gegoffen werden, und fo in einer Cafterolle gebacken. Es kann auch anftatt Mittelfpeife gegeben werden mit Hanbutten-Sooße.

Gemüſe.

23. Alle Arten Gemüſe zu kochen.

Alles Gemüſe wird beſſer, wenn es bloß mit Butter aufgeſetzet wird, und nachher Fleiſchbrühe nachgegoſſen. Die Schoten bald mit Zucker und Butter. Das Gemüſe, welches erſt abgebrühet werden muß, verſteht ſich erſt nach dem Abbrühen.

24. Gefüllte Kohlrüben.

Nimm die Kohlrüben, höhle ſie aus, ſchneide aber auch einen ornötlichen Deckel dazu, ſtürtze ſie um, daß das Waſſer ausläuft. Dann mache einen Farſch von gehacktem Fleiſch; es kann Kalb= Rind= oder Hammelfleiſch ſeyn, geriebne Semmel, Muskatenblüthen, 6 Eyer, von der Hälfte nur das Weiße, etwas Salz und Zwiebeln. Man kann auch, wenn man nicht gehörig Fleiſch hat, von den Kohlrüben darunter hacken. Fülle ſo= dann die Kohlrüben damit und binde ſauber mit Zwirn die Deckel drauf und koche ſie dann in Fleiſch=Brühe, die aber ganz darüber gehen muß.

NB. Zur Sooße brennt man die Brühe mit einem Löffel Mehl und Butter ein, wellt sie mit 2 Eyern ab, thut etwas Muskaten-Blüthen rein und läßet es gehörig einkochen.

25. Teltower Rüben mit Enten.

Man läßet die Rüben in Butter gar schmohren und nimmt die Brühe von geschmorten Enten und gießet sie dazu. Etwas Muskaten-Blüthe, Pfeffer, ein wenig gebranntes Mehl. Dies läßet man mit den Rüben durchkochen und giebt es über die Enten.

26. Spinat mit Milch gekocht.

Der Spinat wird erst in Wasser aufgekocht, dann klein gehacket, Milch darauf gegossen, Muskatenblüthe, etwas Salz daran gethan. Dann wird Weißbrod länglich geschnitten, in Butter gebrathen und in den Spinat gethan, daß es darin aufkochet. Dann legt man ihn in die Schüssel; man kann auch verlohrene Eyer darauf legen.

27. Milch-Kohl.

Der fein geschnittene Weiß-Kohl wird in Wasser gar gekocht und alsdann in einen Durchschlag gethan. Dann nimmt man Milch oder schlechte Sahne, knetet Butter mit etwas Mehl, und thut es hinein, wie auch etwas Zucker. Wenn der Kohl gut abgelaufen iſt, wird er hinein gethan und muß einige Mahl mit aufkochen.

28. Erd-Aepfel.

Die Erd-Aepfel werden in Salzwaſſer gekocht und in Stücke geſchnitten, ſo groß wie der Stuhl einer Artiſchocke. Alsdann wird eine holländiſche Sooße darüber gegoſſen. Es ſoll ſo täuſchen, daß man glaube, es ſind Artiſchocken.

29. Gefüllter Kohlkopf.

Man nimmt den Kohlkopf und brühet ihn; alsdann nimmt man ihn heraus, leget ſauber die erſten Blätter auseinander und ſchneidet das übrige vom Kopfe aus. Alsdann machet man einen Teig von einem großen Stück Butter, man nimmt auch, wenn man es hat, Nierenfett, 4 oder 5 Eyer und Semmel, alsdann fein gehacktes Rindfleiſch, Muskaten-Blüthe und ſehr wenig Zucker. Wenn es zu dick, ſo nimmt man Milch oder Sahne. Hiervon wird ein großer Klump gemacht, und ihn für den herausgeſchnittenen Kohl hinein gethan, und die Blätter ſauber drum herum gelegt. Nun den ganzen Kopf mit Bind-faden bewunden. Dann wird er mit Waſſer aufgeſetzt, auch Fleiſchbrühe, wenn man welche hat. Wenn bald ſoll angerichtet werden, nimmt man Butter, knetet dieſe mit einem Löffel voll

Mehl, Muskaten-Blüthe und ein wenig Zucker; hierzu wird von der Brühe, worinnen der Kopf war, gegossen und mit Eyer abgewellet.

Man nimmt auch in der Sooße Mairan und im Kopfe von dem gehackten Kohl, zumal wenn man nicht genug Fleisch hat.

30. Champignons.

Wenn sie sauber geputzt sind, wasche sie und laß in einen Durchschlag das Wasser ablaufen; thu sie alsdann in einen irdenen Tiegel, decke sie zu und setze sie auf gelindes Kohlenfeuer. Dann geben sie selbst ein Wasser; dieses drückst du davon, wenn du sie zwischen zwei hölzerne Teller legst. Alsdann schmelze Butter in einen Tiegel, schütte die Champignons dazu und laß sie darin kochen. Thue dann ein wenig süße Sahne, Salz und geriebene Muskatennuß, zuletzt auch ein wenig gehackte Petersilie dazu.

31. Sau-Bohnen mit einem Rand.

Die Sau-Bohnen müssen etwas groß seyn; sie werden gekocht und die weiße Haut davon abge- zogen. Alsdann nimmt man ein Stück gekochten Schinken, etwan 4 bis 5 Pfd. stark, und schneidet solchen in hübsche Scheiben; ohngefähr $\frac{1}{2}$ Schock Krebse pellet man aus und macht

Butter von den Schaalen. In diese Butter macht man 2 gute Löffel voll Mehl gahr und gießet nicht zu kräftige Fleisch-Brühe daran. Nun thut man fein gehackte Petersilie nebst den sämt- lichen Ingredenzien und Muskatenblüthe daran, und läßet es zusammen gut durchkochen.

Vorher hat man nun schon den Rand auf der Schüssel gemacht, und zwar wie folgt: Man thut ein paar Hände voll Mehl auf ein Brett, machet in die Mitte ein Loch und gießet kochendes Wasser, worin man ein Stück Butter gethan, in den Teig, nun rühret man das Mehl mit dem Wasser tüchtig unter einander, knetet es etwas, damit es ein zäher Teig wird. Nun machet man sich eine Art von Wurst, etwan ein guten Daum dick davon auf das Brett, worunter man immer Mehl streuet, daß es nicht anklebet und man diese Wurst immer wirbeln kann. Dann be- streuet man den Rand der Schüssel mit Gelb von Ey, leget die Wurst von Teig darauf, und jetzt drücket man ihn mit beiden zusammengesetzten Daumen fest auf den Rand der Schüssel, wodurch er eine Facon bekömmt. Dann mit Ey bestrichen und im Ofen gelblich gebacken, wenn fürhero etwas Wasser auf die Schüssel gegossen ist. Dieser Teig ist, wenn die Schüssel herum gehet, wie natürlich jeder Mensch versteht, ein noli me tangere.

Auch wird dieser Teig kreuzweiß über die Schüssel gelegt, wenn man etwan 4erley Vorkosten darin anrichten will, nur muß dann die Sooße sehr kurtz sein. Die Vorkosten werden erst, wenn der Rand aus dem Ofen kömmt, eingefüllet.

32. Sauer-Kraut-Pastete.

Das Sauerkraut wird in Wasser gahr gekocht. Dann drücket man solches in der Hand rein aus und gießet 1 quart Sahne darauf. Nun wird $1/2$ Schock Krebse abgesotten und ausgepellet, und Krebs-Butter von den Schaalen gemacht, die man nachher mit Milch auskocht; wenn die Butter davon genommen, läßet man einen Löffel voll Mehl darin aufbrausen; dieß thut man an den Kohl, auch die Milch, darin die Krebs-Schaalen ausgekocht, wird durch einen Durchschlag daran gegossen. Nun hat man einen mittelmäßigen Hecht in Salz, doch nicht zu scharf, abgekocht. Diesen pellet man in nicht zu kleinen Stücken aus der Haut und den Gräthen; nun thut man ihn nebst den Krebsen ins Sauerkraut. Dieß läßet man mit ein wenig Muscaten-Blüthe einige male aufkochen. Sollte das Kraut nicht fett genug seyn, nimmt man noch etwas Butter, und wenn es zu trocken, noch etwas Sahne. Fett muß es seyn, aber nicht zu viel Sooße darf es haben. Dann läßet man das Kraut kalt

werden. Dann machet man einen Mürben=
Torten=Teig, leget eine Castrolle oder auch Gri=
setten=Form damit aus, thut den Kohl hinein,
und schicket ihn nach dem Backofen. Der Teig
ist am besten — sagt Großmama Friehnern, wenn
man sich, in der Breite einer vollkommenen Hand,
Stücke mangelt, und solche kreutzweise in die
Form leget. Die 3 eckichten Stellen, so leer
bleiben, füllet man mit 1 Stück Teig von dieser
Facon aus; beschmiert alle Kanten mit Gelb und
Weiß vom Ey, so kleben solche bald fest an ein=
ander. Den Deckel schneidet man sich aus, ehe
die Stücke gemangelt werden, und muß solcher
so groß sein, daß er just auf den Teig in der
Form paßet, wo die beiden Teile mit Ey be=
schmiert werden müssen. So wird er nach dem
Back=Ofen geschicket. Ich dächte, die Rößlern
hätte die Castrolle mit Zwirn=Nudeln bestreut.

33. Eyer mit Senf.

Koche die Eyer hart. Schäle die Schaale ab,
schneide die Eyer halb durch oder lege sie ganz
in eine Schüssel. Alsdann setze die Butter über
das Feuer; wenn diese steigt, so thu ein paar
Löffel voll Senf hinein; schütte ein Glas Wein
und etwas Zucker dazu und richte diese Brühe
über die Eyer an.

Fifche.

34. Karpen in Gallert.

Die Karpen werden geschlachtet, bleiben aber ganz und werden gebläuet, das heißet: sie werden auch nicht geschuppt. Wenn sie gahr sind, bloß aus scharfen Salz=Wasser und Zwiebeln, läßet man sie kalt werden, setzet sie auf die Schüssel, als wollten sie davon schwimmen, und gießet den Nr. 102 erwähnten, abgekühlten Gallert darüber; und so läßet man es im Keller steif werden, worauf es beim Anrichten mit dem übrigen Theil des Gelées decoviret wird. Auch hierzu wird die Wild=Schweins=Kopf=Sooße gegessen.

35. Karpen mit Zwiebel=Sooße.

Die Karpen werden mit Salz eingesprengt, in Mehl gewälzet und auf dem Rost gahr und braun gemacht. Alsdann nimmt man sehr viele Zwiebeln, schneidet sie in der Rundung und kocht sie in Wasser gahr; drauf gießet man alles Wasser ab und gießet Wein-Essig darauf viel Zucker und ein groß Stück Butter, und läßet es zusammen einkochen. Beim Anrichten gießet man es über die Fische.

36. Marinirte Schleye.

Man nimmt die Schleye, nachdem sie reingemacht, kerbet sie ein und läßet sie eine Nacht mit Salz eingesprengt stehen; alsdann wälzet man sie in Mehl, und wenn sie groß sind müssen sie wohl eine Stunde über starke Kohlen brathen, das heißet auf einem Roste. Alsdann werden sie in ein Faß oder Topf gepackt, und eine Brühe wird darüber gegossen von Fleisch-Suppe, worinnen Zwiebeln gekocht sind und etwas Essig. Etwas Englisch Gewürze und Lorbeer-Blätter werden zwischen die Fische gepackt. Nach meinem Geschmack kömmt nichts dem Lachs näher, wie diese Schleye.

37. Karpen, wie sie der Koch bei Lützwitzens kocht.

Er schneidet viele Zwiebeln, etwas Sellerie und Petersilien-Wurzel feingeschnitten in die Castrolle. Dann wird der Fisch darauf geleget, gehörig gesalzen und so viel Bier darauf gegossen, daß er gut überkochet. Wenn halb gahr, dann nimmt er einen guten Löffel voll Butter, läßet

ſie ſchmelzen und thut 3—4 Stücken Zucker, ſo
groß als man ſie zum Kaffee gebraucht, dazu.
Wenn ſolcher in der Butter geſchmolzen, thut er
einen flachen Löffel voll Mehl dazu und läßet
ſolches unter beſtändigem Rühren braun werden.
Alsdann thut man es zu den Karpen, leget noch
ein Stück Butter daran und läßet ſie gehörig
kochen.   Auch kann man nach belieben etwas
Zitronen=Saft, Engliſch Gewürz und Nelken daran
thun.   Die Karpen ſehen ſehr ſchön und ganz
candiret aus.

38. Einen ganzen Hecht mit
holländiſcher Brühe.

Man nimmt einen großen Hecht, ſchabet ihn
und ſchneidet 2 Schnitt beiſammen und läßet
vier Finger breit Platz, dann wieder gekerbt zwei=
mal, dann bringt man ihm den Schwanz ins
Maul, und kochet ihn aus dem Salz. — Zur
Brühe darüber nimmt man ein gut Viertel Butter,
(nehmlich ausgewaſchene) drückt darin einen Löffel
voll Weitzen=Mehl — quirlet von 8—10 Eyern
das Gelbe und rühret ſolches mit der Butter
durcheinander, thut dazu etwas Muskatenblume
und feinen Zucker, — ein gut Bierglaß voll weißen
Wein, eben ſo viel Waſſer und eine Zitrone in
Scheiben geſchnitten.   Setzet es alsdann auf
Kohlen und rühret es beſtändig. — Sollte es zu

dick werden, gießet man etwas Wein dazu. Wenn
es anfängt zu kochen, nimmt man es ab vom
Feuer, und füllet es über den Fisch, wovon aber
vorher die Salzbrühe gut ablaufen muß. — Über
solchen Hecht, kann man auch eben solche Sardellen-
Sooße machen, als über eine gespickte Kälber-
Keule.

39. Fisch in Rouladen am Spieß gebrathen.

Die Fische werden in Scheiben geschnitten und
solche in heiße Butter getaucht. Dann mit Weiß-
brod und Petersilie bestreut. Nun aufgewickelt.
Unter die Semmel etwas Salz. Nun nimmt
man ganz fein geschnittene Stöcke, steckt solche
darein, bindet sie an einen Bratspieß rund herum,
begießet sie mit Butter und läßet sie so brathen.
Auf dem Rost kann solches auch geschehen, besonders mit ausgepellten Krebsschwänzen. Wenn
man sie vom Stocke schneidet, sehen solche am
zierlichsten aus. Es werden Zitronen dazu gegeben und etwas klahre Butter kommt auf die
Schüssel. Es ist einerley, was man für Fische
nimmt und werden sie so mit den Stöcken auf
einer Salatière zum Neben-Gericht gegeben.

40. Bärsche oder Perschen mit Weißbrod.

Die Fische werden nur ausgenommen, scharf

gesalzen und in Zwiebeln gekocht. Wenn sie
gar, thut man sie auf ein Brett und schiebet mit
einem Messer die Schuppen ab. Nun werden sie
auf eine Schüssel gesetzet, beynahe als einen
kleinen Finger dick geriebenes Weißbrod, worunter
etwas Zucket und Muskaten=Blüthe, darüber ge=
streut. Nun kreschende braune Butter darüber
gegossen, so daß alles damit benetzt wird, wozu
etwas viel Butter gehört. Es ist aber sehr gut.

41. Getrockneten Stockfisch eßbar
zuzubereiten.

Der Stockfisch wird einen Tag in frisch Wasser
gelegt, alsdann auf einen Block gelegt und mit
einem Stück Holz recht nachdrücklich geprügelt
bis er weich und faserig wird. Dann wird halb
Asche und halb Wasser zusammen gekocht, dann
klähren lassen und ganz klahr auf den Stockfisch
gegossen, welches — nachdem die Schärfe der
Lauge ist — 12 bis 24 Stunden darauf stehen
bleibt; dann wird er wieder in frisch Wasser
gelegt und 2 bis 3 Tage darin gewässert. Doch
muß er alle Tage frisch Wasser bekommen.

42. Hechte mit Sardellen.

Die Hechte werden in Stücke geschnitten und
fast gahr gekocht. Alsdann wird ein großer
Theil des Wassers abgegossen, und alsdann sehr

viel klein gehackte Zwiebeln, klein gehackte Sardellen, ein groß Stück Butter, Zitronen-Saft, Semmel und Muskaten-Blüthe daran gethan. Dieß muß zusammen einkochen.

43. Hecht am Spieß gebrathen.

Man nimmt einen großen Hecht, dieser wird sehr sauber gespickt, an den Spieß gesteckt und recht fleißig begossen, er muß braun werden. Alsdann wird eine Sardellen-Sooße dazu gegessen, die gemacht wird wie eben erwähnt ist; nur das sie noch durchgeschlagen und mit Eyern abgewellet wird.

44. Nackte Barsche.

Die Fische werden ausgenommen, aber nicht geschuppt. Wenn sie in scharf Salzwasser und Zwiebeln abgekocht seyn, werden sie geschuppt und trocken in die Schüssel gelegt. Alsdann werden sie mit Semmel, Zucker und Muskaten-Blüthe bestreut, und zuletzt siedende Butter über die Semmel und Fische gegossen.

45. Sannath in der Schüssel.

Man nimmt den Sannath oder Hecht, schabet und schneidet ihn in Stücke, leget ihn in eine zinnerne Schüssel, nebst ½ Pfd. Butter, ein wenig Salz, Muskaten-Blüthe, Scheiben von einer Zitrone, auch etwas Schaale und ein wenig Wein-Essig. Der Sannath kömmt nun auf diese ingre-

denzien. Der Kopf aber bleibt zurück. Oben
drauf wird wieder ein wenig Salz, Blüthe, Zitronen
auch Weiß-Brod gestreut. Dieses muß zusammen
eine gute Stunde auf einem Feuer strenge kochen,
auch muß der Fisch zuweilen umgekehrt und die
Brühe öfters abgegossen und er damit begossen
werden, weil er sonst zu trocken wird.

46. Gepflückter Hecht.

Der Hecht wird aus Salz-Wasser gekocht,
darauf aus der Haut geschälet, von den Gräthen
gemacht und klein geflückt, in eine zinnerne Schüssel
gethan mit einem gut Stück Butter, Fleisch-Brühe,
Semmel und Muskaten-Blüthe. Wenn dieß auf
einer Feuer-Sorge gut durchgekocht, ist es fertig.
Beim Anrichten setzet man den Kopf mit der Leber
im Maule auf die Schüssel.

47. Angeschlagener Hecht.

Man nimmt einen großen Hecht, schuppet ihn,
macht ihn krumm und kocht ihn in Salzwasser
ab. Dann pflückt man das Fleisch von den
Gräthen und hacket es fein; dann nimmt man
$1/2$, beinah $3/4$ Pfd. Butter, rühret sie zur Sahne,
thut dazu 4 bis 5 Eyer, für 6 Pf. geriebene
Semmel, etwas Zucker und Muskaten-Blüthe,
dann den gehackten Hecht. Dieß wird gut unter
einander gerühret, ist es zu dick, nimmt man

etwas Sahne oder Fleischbrühe dazu. Alsdann leget man die Gräthe, woran der Kopf vom Hecht sitzen geblieben ist, in eine mit Butter ausgeschmierte Torten-Form. (Ich für mein Theil würde wegen des Anbrennens, auch wegen des Anrichtens einen mit Butter beschmierten Bogen Papier noch in die Torten-Form legen.) Thut die Masse wieder in der vorigen Gestalt des Fisches an die Gräthe, machet ihn mit einem Messer glatt, auch wenn man will, zum Zierrath kerbig. Dann bestreicht man ihn mit Gelb vom Ey, und giebt ihm die Leber ins Maul, und zuletzt setzt man den großen Fittig vom Rücken an seine Stelle. Alsdann wird er unter sehr gelindem Backen mit der Butter, so herausbacket, einige Male begossen.

Man ißt holländische Sooße dazu.

48. Marter Krebse.

Man nimmt die rohen Krebse, schneidet ihnen den Kopf ab, leget sie in einen Durchschlag, und läßet die jus auf eine Schüssel laufen; alsdann kocht man die Krebse in Salzwasser, pellet die Scheeren und Schwänze aus, und thut sie auf die Schüssel in der jus nebst ein gut Stück Butter, geriebener Semmel und Muskaten-Blüthe. Dieß muß zusammen gut durchkochen, auch nimmt man zur Verlängerung Murcheln daran.

27

49. Krebse mit Milch gekocht.

Die Krebse werden in Salz-Wasser gekocht, hernach pellet man sie aus, gießet Milch darauf, thut Butter, Muskatenblumen, geriebene Semmel und gehackte Petersilie daran, läßet selbiges durch-kochen, so ist es gut.

50. Gebrathene Hechte mit Weinbrühe.

Wenn die Hechte gebrathen, so legt man sie in eine zinnerne Schüssel. Zur Soße darüber nimmt man rothen Wein, thut darin kleine Ro-sinen, Zitronen-Schaalen und Scheiben, etwas Zucker, geriebene Semmel und ein wenig Carda-mums; dieses wird gut durchgekocht und über die Hechte gegossen.

51. Heringe zu räuchern.

Man nimmt fette Heringe, läßet sie 24 Stunden wässern und legt sie hernach 24 Stunden in Milch; räuchert sie gehöhrig und ißet sie mit Weinessig. So schmecken sie wie geräucherter Lachs.

52. Karpen mit Knurpel.

Die Karpen werden geschlacht uud gebläut und das Blut aufgefangen; alsdann wird in einem Tiegel eine halbe geriebene Semmel, Peter-silie und Zwiebeln nach Gutdünken daran gethan, etwas ganzer Pfeffer, ein Paar Lorbeerblätter und dieses zusammen mit Wasser einmal aufkochen gelassen. Alsdann werden die Karpen, welche gut gesalzen mit dem Blut rein gethan, Zitronen-Schaalen oder Scheiben dazu geschüttet, alsdann ein Löffel Gänsefett (auf 2 Karpen gerechnet) für einen Böhm *) Muskatenblüthe gerührt und dazu gethan; zugedeckt und so fertig kochen lassen; dann wird würflich geschnittene Semmel in Butter geröstet und beim Anrichten darauf gelegt, so auch grüne Petersilie.

NB. Das Gänsefett und die Zitronenschaalen kommen erst dann dran, wenn die Fische ziemlich gahr gekocht sind.

53. Marinirte Heringe.

Man wässert die Heringe 3 Tage ein, giebt ihnen des Morgens und Abends frisches Wasser und räuchert sie 3 Tage. Dann bräth man sie auf dem Rost und macht sie in einem Neunaugenfaß mit Lorbeerblättern, Pfefferkörnern und Englisch Gewürtz und Zwiebeln ein; man kann auch Zitronenscheiben dazwischen legen, kocht Bieressig ab und gießt ihn darüber. Sollte der Essig trübe werden, so kocht man ihn nochmals auf. Ist der Bieressig bitter, nimmt man Breyhausessig.

---

*) Böhm = Groschen?

54. Geräucherter Hecht.

Man salzt ihn 3 Tage ein, alsdann hängt man ihn 3 Tage in den Rauch.

55. Aspic von Aal.

Nachdem der Aal wie in Nr. 36 behandelt ist, wird eine Lage klein gehackter Eyer und eine Lage klein gehackte Petersilie darauf gelegt; und so der Aal vom Kopf nach dem Schwanz herunter gewickelt. Hierzu nimmt man nicht zu große Aale.

56. Aspic von Fischen.

Man nimmt einen großen Karpen, schuppet ihn, schneidet den Kopf ab, löset die Gräthen sauber aus, ohne den Rücken aufzuschneiden, wäscht ihn rein und läßet ihn 2 Stunden eingesalzt stehen. Dann nimmt man einen andern Karpen, welcher — nachdem er wie oben gesäubert — ganz abgeschabet wird. Dann wird in Butter ein dünnes Rühr=Ey gemacht, in dieses kommt fein gehackte Sardellen, Chalotten, Estragon, noch zwei ganze Eyer und Zitronen=Schaale. Dieß wird mit dem geschabten Fisch als farce zusammen gerühret. Nun wird der Fisch abgetrocknet, die farce hineingethan, den Fisch aufgewickelt, in eine reine Leinwand gewickelt, mit Bindfaden zusammen gebunden,

und es eine Stunde in Waſſer, welches geſalzen,
kochen laſſen. Dann wird es unter die Preſſe
gelegt, worunter es die Nacht bleibt. Alsdann
kocht man eine Salz-Kälber-Pote, gießet etwas
Fiſchbrühe daran und klähret es mit geſchlagenem
Weiß vom Ey. Nehmlich: man rühret 4 Weiß
vom Ey, wenn es kocht, darunter und läſſet es
einige Stunden ziehen, dann gießet man es zur
Nacht durch ein Tuch. Den anderen Tag gießet
man, um ihn zu färben, etwas Safran-Waſſer
darunter. Dann legt man in die Form einen
Stern von roten Rüben, Zitronen-Scheiben, grüne
Peterſilie, hochgelben Möhren, gießet etwas
Gallert in die Form, läſſet es kalt werden und
legt dann eine Lage von dem in Scheiben ge-
ſchnittenen Fiſch hinein, wieder Gallert, dann
werden Lagen um die Seiten der Form herunter
gelegt, der übrige Fiſch eingepackt und den Gallert
darauf gegoſſen. Auch können kleine Stücken
Brinken mit eingelegt werden.

Beym Umſtürzen der Form hält man eine
Serviette einen Augenblick darum. Wenn es
auf der Schüſſel, ſo werden kleine in Eſſig gekochte Zwiebeln darum gelegt. Als Sooße kommt
unſere Wild-Schweinskopfſooße.

57. Hecht-Paſtete mit Butter-Teig.

Zu dem Teig nimmt man 1 Pfd. Butter;

dieſes knetet man mit der Hand tüchtig, ſo daß
ſie ganz zähe wird und legt ſie die Nacht ins
Waſſer. Nun hat man einen Haufen gut aus-
getrocknetes Mehl auf einem Brett, machet ein
Loch in die Mitte, ſchläget darin 4 Eyer, nur
von 2 das Weiße, 2 Thee-Schaalen voll Milch
und ohngefähr 4 Stücken Zucker, wie man ſie
zum Kaffee nimmt und von der ausgewaſchenen
Butter etwan den 3. Theil. Dieſe hacket man mit
einem Meſſer unter die Eyer und das Mehl
recht fein, und arbeitet ſolche mit der Hand ſo
untereinander, daß es ein zäher Teig wird. Jedoch
muß man ihn nicht zu hart machen, aber doch
ſo, daß er ſich als ein Stück ziehen läßet. Wenn
nun die Butter mit einem Tuch abgetrocknet iſt,
und der Teig etwan $1/4$ Stunde hingeleget, daß
er von dem Arbeiten mit der Hand kalt geworden, macht man ihn breit, leget die Butter
darein und ſchläget den Teig viereckig darüber,
klopfet ihn mit dem Mangel-Holz etwas feſt an
die Butter und reibet es immer mit Mehl ab,
bis ſich der Teig mangeln läßt. Nur muß man
ſich hüten, daß kein Mehl mehr unter den Teig
kömmt, ſondern wenn man ſich das Brett und
die Kolbe damit abgerieben, muß man ſolches
mit einer Feder rein weg · machen. Jedoch
muß man ſich hüten, daß der Teig ſich nicht
anſetzet, denn wenn ſchon ein Loch darin

geriſſen wird, wird der Teig nicht ſo blätterich; wenn er nun das erſte Mal, da er viereckig um die Butter geſchlagen, tüchtig gemangelt und das Mehl rein abgewiſchet, ſuchet man ſich die Seite aus, wo die Butter am mehrſten durch= ſcheinet und ſchläget den Teig in der Lage zu= ſammen, ſo daß ſolche in die Mitte kömmt, be= ſchmieret wieder das Brett und die Kolbe mit Mehl, damit alles recht trocken iſt, welches wiederholt wird, ſobald ſich der Teig etwas anſetzet. Nun ſchläget man den Teig noch zu zwei wiederholten Malen um, wie vorher; alsdann nimmt man eine nicht gar große Thee= Schaale und zeichnet ſich den Boden ab, ſchneidet ihn aus, welches dann der Deckel auf den Paſteten wird. Es verſteht ſich, daß nur die Hälfte ausgeſchnitten wird, die andere bleibt zum Boden und wird dann der Rand darauf gelegt, wobey man die oberſten Seiten auf ein= anderlegen muß. Nun werden ſie mit Gelb von Ey beſtrichen, doch ſo, daß es nicht an den Seiten herunterläuft; weil ſonſt der Teig nicht blättern kann. Alsdann leget man ſie auf einen Bogen Papier und läßet ſie in gelinder Wärme $\frac{1}{4}$ Stunde auf einem Blech backen. Findet man ſie noch etwas zähe oder weich, läßet man ſie noch etwas austrocknen. Bis ſie gefüllet werden, welches nur vor dem Anrichten geſchieht, hält man ſie warm

3

Die Hälfte dieser Portion machen 28 bis 30 Stück.

Zur Farsch nimmt man:

1½ Pfd. Kalbfleisch aus der Keule; dieß hacket man mit einem Messer-Rücken tüchtig, doch so, daß es zusammen bleibet. Dann thut man einige Stücken Zucker, ein gut Stück Butter und einige zerschnittene Zwiebeln in einen Tiegel, leget das Fleisch oben auf und läßet es anfänglich ofen stehen, damit es recht schmohrt. Dann decket man es zu, damit es gelblich wird. Nun hacket man es recht fein, thut in den Tiegel, worin noch die Butter ist, etwas Mehl, läßet solches einmal aufkreuschen und thut dann das Fleisch dazu. Nun nimmt man etwan 1 oder 1½ Thee-Schaale voll süßer oder saurer Sahne, läßet solche darin schmohren und gießet zuletzt 1 Wein-Glaß voll weißen Wein darin, etwas Zitronen-Saft, etwas fein gehackte Schaale, einige Stücke Zucker und Muskatenblüthe. Der Farsch muß etwas pikant seyn. Sollte beim Einfüllen zuviel Sooße darauf seyn, so wird es mit 1 oder 2 Eyer-Dotter abgezogen.

58. Krebs-Budding in Fleisch-Suppen.
Auf andere Art.

Man nimmt ein, oder nach dem man viel haben will, so viel Schock Krebse, kocht selbige, doch nicht lange und nicht sehr salzig. Pellet sie aus, daß kein Bindfaden drin bleibt und hacket sie wohl klein. Setze unterdessen — wenns ein Schock Krebs ist, ½ Pfd. Butter an das Feuer, daß sie weich wird; rühre die Krebse in die Butter, nebst so viel geriebener Semmel, daß es dick wird; thue dazu Zucker und Muskatblüthe nach dem Geschmack. Alsdann quirle 4 ganze und von 4 Eyern das Gelbe, rühre selbiges zu dem andern, scheinet es zu dick, so nimm noch ein Ey mehr, wo nicht, so kannst du auch noch etwas von den andern Eyern zurücklassen. Alsdann beschmiere einen Napf mit kalter Butter recht dick, welche aber erst ausgewaschen ist und drücke als dann den Krebsteig in die Form und schicke ihn nach dem Ofen. Er muß aber nicht starke Hitze haben, sonst ist er nichts nütze. Hierzu nimmt man Rindfleisch=Suppe, worin weiter nichts als Zucker=Wurzeln und lange feine Nudeln gethan werden, nebst etwas in Butter gebrathenes Mehl. Das Fett wird abgefüllt und anstatt dessen Krebsbutter daran gethan; wenn die Suppe ganz fertig ist, so gieße sie in eine Potagen= Schüssel und lege den Krebspudding in die Suppe. Aber nicht eher bis es gleich zu Tische gehet. An die Suppe können auch Spitz=Murcheln kommen.

3*

59. Hecht-Klöße an Suppen zu machen.

Man nimmt einen mittelmäßigen Hecht, reißet ihn auf und schrapet das Fleisch roh von den Gräthen ab und hacket es fein. Alsdann nimmt man wieder ein gutes Stück Butter, 3 bis 4 Eyer und für 6 Dreyer geriebene Semmel nebst etwas Zucker und Muskatblüthe; rühret alles zusammen und machet kleine runde Klöße davon. Sie schmecken in allen Potagen gut.

60. Karpen, wie wir sie am liebsten essen.

Auf zwey oder drey Karpen nimmt man zwey Bouteillen Weiß-Bier, eine ganze menge Zwiebeln, Englisch Gewürtz, Pfeffer und etwas Essig, worinnen das Blut der Karpen gelaufen ist, ein groß Stück Butter und gehöhrig Salz. Dieß muß zusammen dick einkochen, und ohngefähr eine halbe oder $^1/_4$ Stunde vorm Anrichten wird eine Vierthel Berliner-Bouteille Weiß-Wein daran gegossen.

61. Feine Carbonaden.

Ein Hecht wird roh aus den Gräthen gepellet und gehacket, und reibet man ein Stück Butter zur Sahne, thut dazu fein geriebenes Weißbrod, 3—4 ganze Eyer, etwas Muskatblüthe und etwas Zucker, wenn man will. Wenn dieses mit dem Hecht gut untereinander gebracht ist, werden

Würstchen ohngefähr als einen kleinen Finger
lang und auf den Enden etwas schmaler gemacht,
mit Eyer bestrichen und mit Weißbrod bestreuet,
wo man sie dann in Butter backet und dann
mit abgebackener Petersilie garniert.

62. Geklopftes Fleisch.

Man nimmt ein mageres Stück Rindfleisch
aus der Keule, schneidet davon Stücke wie einen
Finger dick, klopfet solches mit einem Messer,
jedoch daß es zusammen bleibet; dann thut man
ein Stück Butter in einen Tiegel, leget das Fleisch
darinnen und läßet es in seiner eigenen Brühe
braun schmohren, jedoch muß man fleißig danach
sehen, daß es nicht ansetzet. Dann macht man
braun Mehl, nimmt etwas von der Butter, gießet
Fleischbrühe darauf, thut es an das Fleisch und
läßt es so noch tüchtig kochen.

63. Ein Gericht, so man Klopfe nennet.

4 Pfd. Rindfleisch aus der Keule erst nach
dem Faden in der Länge geschnitten, hernach fein
geschabet und ein Ey daran gerühret, nebst eine
Handvoll geriebene Semmel und etwas Salz,
auch etwas Cardamums, Muskatenblumen und
Pfeffer, wie auch von einer Zitrone die Schaale
abgerieben. Dieses rühret man wohl durcheinander; dann nimmt man von der Masse

Stückchen wie die Borsdorfer Aepfel groß, macht sie rund und drücket sie zuletzt ganz rund auseinander. Dann nimmt man ohngefähr ½ Pfd. ausgewaschene Butter in breitem irdenen Tiegel oder Tortenform, läßt die Butter gelblich brathen, und schüttet alsdann ein Stück nach dem andern in die kochende Butter, kehret es bald um und nimmt's dann wieder heraus und leget von neuem wieder welche hinein bis sie alle sind.

NB. Man muß die Stücke nicht aufeinander sondern nebeneinander legen. Wenn etwas reines Fett, so nicht faserig, an dem Fleisch sitzet, kann mans mit klein hacken, aber aus dem magern müssen alle Fasern herausgesucht werden.

Zur Sooß hierüber.

¼ Pfd. Sardellen, wäschet selbige, nachdem sie vorher eine halbe Stunde in Wasser gelegen, ziehet sie ab von den Gräthen und hacket sie klein, setzet ein Stück Butter aufs Feuer, thut sie darzu und läßet es miteinander durchkochen. Dann schneide von einer Zitrone die Schaale länglich, thue es nebst einem Glaße alten Franz-Wein und etwas geriebener Semmel nebst ein wenig Zucker und Zitronen-Saft in einen Tiegel; wenn es zusammen durchgekocht, gießet man es über das gebrathene Fleisch.

NB. Wenn man will, kann man die Semmel auch weglassen und nehme anstatt deßen Gelb von Eyern, daß sie dicke wird. Auch müssen Muskat-Blumen daran.

64. Rindfleisch-Rouladen.

Man schneidet mageres Rindfleisch in Scheiben und klopft es recht mürbe, alsdann nimmt man ein Stück Speck und hacket es mit etwas Peter-silie, Scharlotten, Salz, ein wenig Nelken und Pfeffer, belegt die Scheiben damit, rollt sie auf und steckt sie mit Holzspeilerchen zu.

Hierauf brathe man sie an einem Vogelspieß mit Butter und ein wenig Essig und giebt sie mit der Brühe auf den Tisch.

65. Eine Ochsenzunge mit Hanbutten.

Man kocht die Zunge mit Wasser und Salz gahr, ziehet die Haut ab und schneidet sie in der Mitte voneinander. Alsdann nimmt man eine Hand voll Hanbutten, läßt diese ganz weich kochen und schlägt sie durch ein Sieb. Thut etwas Fleischbrühe, ein Glaß weißen Wein, einen Löffel voll Essig, etliche Zitronenscheiben, etwas gestoßene Nelken und Zucker dazu, läßt sie mit einem Stück Butter aufkochen, und richtet sie über die Zunge an.

66. Eine angeschlagene Zunge.

Man kocht die Zunge mit Wasser und Salz weich und schaumet sie recht rein. Die Brühe kann man zur Suppe gebrauchen; die Zunge schneidet man in der Mitte von einander, höhlet das Fleisch heraus und hacket es klein. Alsdann rührt man etwas in Milch eingeweichte Semmel und ein gutes Stück Butter, ferner 4 Eyer, ein wenig Muskatenblumen und Salz dazu, und füllet alles wieder in die Zunge; legt diese auf ein mit Butter beschmiertes und mit Semmelkrumen bestreutes Papier und backt sie in der Tortenpfanne. Die Brühe wird von etwas Fleischbrühe, einem Glaß Wein, etlichen Scheiben Zitronen, dem Gelben von 2 Eyern, ein wenig Muskatennuß und einem Stück Butter, welches mit Mehl geknötet worden, gemacht. Sie muß eine halbe Stunde kochen.

67. Ochsenzunge mit einer Apfelsooße.

Man nimmt ein gut Theil Rostocker oder andere saure Aepfel, schält sie, schneidet sie in nicht gar zu große Stücke bis an das Kernhaus ab, thut sie in einen Tiegel und gießt Wasser, aber nicht zuviel, darauf. Wenn sie weich gekocht sind, rühre sie durch den Durchschlag in den Tiegel, worin die Sooße bleiben soll, gieße rothen Wein

dazu, thue länglich geschnittene Zitronenschaale,
gestoßenen Zimmt und Zucker drein und laß es
kochen. Es müssen so viele Aepfel sein, daß die
Sooße davon dick genug wird; man richte sie über
die gekochte, abgezogene und in der Länge von
einander geschnittene Zunge an.

68. Roulade von Rindfleisch.

Nimm ein mager Stück Rindfleisch, schneide
es in dünne Scheiben und klopfe es recht mürbe.
Nimm süße Mandeln, Pistazien und hart gekochte
Eyer; breite eine Serviette auf den Tisch, lege
das Rindfleisch darauf, lege lange Streifen Speck
und Schincken darüber, nebst Eyern, Mandeln,
allerlei Gewürz, Salz und Pfeffer, Kräuter und
ein wenig Knoblauch. Dann über und über mit
ein paar geschlagenen Eyern bestrichen, und ein
wenig Mehl darüber her gestreuet, damit es zu=
sammen hält. Rolle es auf, binde es recht fest in
eine Serviette und koche es à la Daube gahr. Als=
dann gepreßt, kalt geschnitten und gegeben. Ich
meinerseits denke, daß man anstatt der Serviette,
die doch dabey leiden müßte, ein alt Stück Leine=
wand nehmen könnte.

69. Popedon*) von Ochsen=Zunge.

Mache einen Strudel=Teig, rolle ihn ganz dünn
aus, schneide ihn in Stücke und blanchire ihn in
_____
*) Poupeton.

Milch. Hernach koche eine geräucherte Ochsen=Zunge gahr, schneide die Spitze wie 4 Finger breit weg und hacke sie klein, das übrige schneide in Scheiben. Hernach nimm eine Rand=Schüssel mit Butter beschmieret, danach die Ochsenzunge, nachdem zuvor von dem Strudel=Teig hinein geleget, auch etwas Marks und das klein gehackte Fleisch. So wird wechselweise verfahren bis es alle, zuletzt ein Guß von Eyern, Sahne, Zucker und Zimmt darüber.

70. Ein Gericht von Ochsen=Füßen.

Wenn die Füße gekocht sind, werden sie ganz klein geschnitten, und Rind= oder Kalbfleischbrühe darauf gegossen. — Ein wenig Salz, Butter, Lorbeerblätter, abgeschälte Mandeln, länglich geschnitten, — große Rosinen, Muskatenblüthe und geriebene Semmel. — Lasset es damit durch=kochen; — nach Belieben auch ein wenig Saffran daran gethan. —

71. Ein Gericht von Ochsenmaul.

Wenn das Maul gahr gekocht ist, und die Haut davon gemacht, so werden Scheiben davon geschnitten, nicht zu groß. — Dann wird halb Wein, halb Wasser darauf gegossen, große Rosinen, gestoßene Nelken, Zitronen=Scheiben, auch von

der Schaale daran gemacht. — Man thut braun
Mehl nebst Zucker dazu. —

72. Einen guten Klops zu machen.

Man nimmt zu einer guten Schüssel 4 Pfd.
Rindfleisch aus der Keule, schabet solches recht
fein und rühret es mit 4 Eyern und für 4 Dreyer*)
Semmel nebst etwas fein gehackten Scharlotten
tüchtig durch, wie auch etwas Salz. Alsdann
machet man auf ein Fischbrett kleine Kuchen,
nicht voll so dick wie ein kleiner Finger, davon,
und leget immer 4 bis 5 Stück in eine Schüssel
mit kochender Butter, worinnen aber nicht so viel
seyn muß, daß sie übersteher. Alsdann schmeißet
man die Kuchen von einer Seite zur andern, weil
sie gleich gahr sind und leget sie immer auf den
Rand der Schüssel bis sie alle gebacken. Das
Faserichte, so sich nicht schrapen läßet, thut man
in einen Topf und brauthet die Brühe zur Sooße,
welche man entweder von braun Mehl mit Capern
oder auch mit Champignons machet; auch kann
man eine Sardellen-Sooße darüber machen.
Nehmlich 10 bis 12 Sardellen werden fein gehacket und Fleischbrühe darauf gegossen, etwas
Semmel, Zitronen-Scheiben, damit sie ein bischen

---

*) Dreyer, alte preußische Kupfermünze im Werthe
von 3 Pfennigen.

ſauerlich wird; auch wohl etwas Zucker und
Butter daran gethan. Wenn man aufgiebt,
gießet man die Butter rein ab von der Schüſſel
mit den Klopſen.

73. Eine farcirte Ochſenzunge.

Man kocht zuerſt die Ochſenzunge; und wenn
ſie gekocht iſt, ziehet man ſie ab. Wenn ſie kalt
geworden, ſchneidet man den Schlund ab. Hier-
nebſt ſchläget man in einer Kaſtrolle 18 Eyer,
doch ſo, daß man von 6 Eyern das Weiße zurück behält. Dazu nimmt man ohngefähr $1/4$ Pfd.
Butter, $1/8$ Pott Milch, etwas Muskatenblumen
und Zimmt nach belieben. Deßgleichen für 3 Dreyer
altgeriebenes Weißbrod. Dieß zuſammen wird
auf ein Kohlenfeuer geſetzt und ſo lange gerührt,
bis es eben wird. Sobald dieſe Arbeit verrichtet
iſt, ſchneidet man die Zunge nach gefallen in der
Länge durch in 6 oder 8 Theile. Jede 2 Theile
leget man alsdann in eine irdene Schüſſel, die
mit geſchmolzener Butter belaufen und mit geriebener Semmel beſtreuet iſt, wobey nur zu
merken, daß die Stücke in Form eines Cirkels
und zwar ſo gelegt werden, daß immer die
Spitzen zuſammen ſtoßen und daß man mit den
beiden Mittelſtücken den Anfang macht. Wenn
dieſes geſchehen, ſo nimmt man von dem abge-

rührten Teig und schmiert eine Lage darüber, so breit als die Zunge ist. Hiemit fährt man fort bey den nachfolgenden Stücken in der vorigen Ordnung, so daß das letzte vom Teig fest über die letzten Stücke kommt. Alsdann wird der Schaum von dem zurück behaltenen Weißen von 6 Eyern geschlagen und über die ganze Masse von oben und zur Seite geschmiert. Ist dieß auch geschehen, so schält man Mandeln, schneidet sie länglich und bespickt damit die so weit zugerichtete Ochsenzunge reichlich.

Zuletzt streuet man Zucker über und über, und alsdann wird es in den Ofen gesetzt.

Wenn die Ochsenzunge gahr ist, so löset man sie von der irdenen Schüssel mit einem Aufgeber und läßt sie auf eine zinnerne Schüssel gleiten.

Alsdann kann man folgende Sooße darüber gießen, nehmlich: 1 Pott rothen Wein und Zucker nach belieben, welcher etwa eine halbe Stunde gekocht wird. Die Sauce wird in die Mitte und herum, aber nicht über die Zunge gegossen, damit sie nicht schwarz wird.

74. Eine Pastete von Ochsenzunge mit Trüffeln.

Man kocht 2 frische Ochsenzungen mürbe, zieht ihnen nachher die Haut ab und schneidet sie in Scheiben. Einige von diesen Scheiben hackt man mit etwas rohem geräucherten Schinken ganz klein. In diese gehackte Masse thut man etwas Nelken, von einer ganzen Zitrone die Schaale und von einer halben Zitrone den Saft. Hierauf macht man von 2 ganzen Eyern ein Rührey und thut solches mit der gehackten Masse in eine Schüssel, rührt es mit $\frac{1}{2}$ Viertel geschmolzener Butter und 2 Eyer-Dottern unter einander, streut zuletzt darunter für 2 D. geriebene Semmel und eben so viel geriebenes Roggenbrod; deßgleichen für 2 D. Zucker. Dies alles wird gut durchgeknetet. Alsdann macht man von dieser Masse Klöße, kocht sie in der Ochsen-Zungen-Suppe, nachdem vorher das Fett von dieser Suppe abgefüllet worden. Die Scheiben von Ochsen-Zungen legt man nun mit den Klößen und $\frac{1}{4}$ Pfd. abgeputzte Trüffeln in die Schüssel, streut dazwischen etwas gestoßene Nelken, Muskatenblumen, einige Zitronen-Scheiben und gießet etwas Wein in die Schüssel. Alsdann wird die Decke von Butterteig darüber gemacht.

Die Sooße zur Pastete.

Man macht braun Mehl mit Butter und Charlotten. Hiezu gießet man 3 Theile von der Suppe, worin die Klöße gekocht werden und 1 Theil

Wein, drückt den Saft von einer Zitrone hinein, thut dazu etwas gestoßene Nelken, von einer Zitrone die Schaale gerieben und einige von dem vorhin angeführten $1/4$ Pfd. Trüffeln. Dieß läßt man durchkochen, so ist sie fertig.

75. Budding von Rindfleisch.

Man nimmt 3 Pfd. Rindfleisch aus der Keule, dieses wird geschabet und mit $1/2$ Pfd. Marks oder Rinder-Talg tüchtig durchgehacket; dann nimmt man ein gut Stück Butter, rühret solches zur Sahne, und thut dazu 6 Eyer, für 6 Pfg. Weiß-Brod, Muskaten-Blüthe, Zucker, und von einer Zitrone die Schaale, dann rühret man die ganze Masse tüchtig durcheinander und läßet sie 2 Stunden kochen; will man den Budding in der Suppe nehmen, drücket man ihn tüchtig zusammen, wälzet ihn in Mehl, und leget ihn in einen Schmohr-Tiegel und läßet ihn so kochen. So wird die Suppe recht kräftig. Man kann auch einen Kirsch-Saft dazu nehmen.

76. Gutes Rauchfleisch zuzubereiten.

Man nimmt Salpeter, macht ihn warm und reibt damit das Fleisch ein. — Dieser weil er warm ist, dringt in die innersten Theile desselben ein, wodurch es roth und salzig wird. — Hierauf wird

es in ein dazu gemachtes Rauch-Behältniß ge=
hangen, und darin so lange gelassen, bis es gelb
wird. Hiernach nimmt man es heraus, und läßt
es etwas liegen, da sich dann der Rauch durch
und durch zieht. Hierbei ist indes noch zu be=
merken, daß nicht mit Holz, sondern mit denen
Splittern, die beim Hauen oder Sägen des Eychen=
und Buchenholzes abfallen, geräuchert werden
muß. — Wenn das Fleisch auf diese Art zu=
bereitet wird, kann es sich nicht so lange halten,
als wenn man damit nach der schon bekannten
Methode verfährt. —

77. Eine andre Art Rauchfleisch.

Dabei muß folgendes beobachtet werden. —
Das hierzu bestimmte Stück wird

1. mit Salz und Salpeter (welches letztere
ihm die Röthe giebt) wohl eingerieben, und sodann
10 Tage in den Pöckel gelegt, der es ganz be=
decken muß.

2. Hierauf wird es 24 Stunden lang aufge=
hangen, damit die Nässe davon abträufelt.

3. Das Räuchern geschieht am Besten mit
Buchen= oder Eychenholz, — vorzüglich nimmt
man die Splittern gern, die beim Sägen oder
Hauen abfallen, weil selbe viel Rauch geben.

4. Der Rauch muß beständig fortdauern, doch

5. nicht zu heiß sein, weil sonst das Fleisch überschnellet und schwarz wird.

6. Es kann in 4 oder 3 Wochen, ja in 14 Tagen gut werden, nachdem es lange conserviret werden soll.

7. Zuletzt muß sehr fleißig danach gesehen werden. —

78. Kalbfleisch mit Stachelbeeren.

Die Brühe von Kalbfleisch wird in einen Tiegel gegossen und mit weißem Wein und geriebener Semmel und etwas Zimmt sähmig gekocht, dann aber kommt sehr viel Zucker dran. Die Stachelbeeren werden ganz eingeschütt, müssen aber nicht zerkochen. Das Kalbfleisch wird greliert und die Stachelbeersooße beim Anrichten drauf gegossen.

79. Fleisch=Klöße.

Man nimmt das rohe Kalbfleisch, schabet es sehr fein und reiniget es gänzlich von den Sehnen. Dann rühret man ein Stück Butter zu Sahne, schlägt drei Eyer darunter, Semmel, viel klein gehackte Zwiebeln und zuletzt das Fleisch.

4

80. Eine gefüllte Kälber- oder Lamm-Bruſt.

Man nimmt die glatte Bruſt, theilet ſie ſo, wie bekannt, von einander, und füllet ſie mit einem Farſch, von Weißbrod, Roſinen und Mandeln, wie bekannt. Alsdann näht man ſie zu, thut ein Stück Butter nebſt einigen Stücken einer zuvor zerſchnittenen guten Zwiebel in einen Tiegel und läßet ſolches braun werden. Alsdann thut man die Bruſt darin und läßet ſie bey gelindem Feuer auf der rechten Seite ſo ſchmohren. Dann kehret man ſie um, und wenn nun die Rinde ſachte gelblich geſchmohrt iſt, die oben kömmt, dann thut man etwas Mehl unter das Fett. Man kann auch die Knochen-Seite damit beſtreuen, und nun läßt man es wieder etwas ſchmohren. Dann gießet man Kalbfleiſch-Brühe oder Rinds-Brühe daran, aber nicht ſo viel, daß die oberſte Seite davon übergeht, weil ſie ſonſt das braune verliehrt. Auch muß man den Tiegel nicht wieder zudecken.

81. Ein Ragout von Kälber-Brathen mit Wein.

Schneide den Brathen in Scheiben, thue daran Wein, halb Waſſer, etwas Muskaten-Blumen, Zucker, geriebne Semmel, Zitronen-Scheiben, daß es alſo durchkocht.

82. Braun Kalbfleisch oder Fricandellen.

Man schneidet aus einer rohen Kälberkeule Stücke wie einen Finger dick und als eine Hand breit, klopfet selbiges und spickt es mit Speck, wälzet es in Weizen-Mehl, leget es in bräunliche Butter, daß es gar wird. Zur Sooße darüber macht man braun Mehl mit Butter, gießet dazu halb Wein, halb Wasser, Muskaten-Nuß, Zucker und Zitronen-Scheiben, auch nach belieben große Rosinen. Wenn dieses zusammen durchgekocht, so legt man das Fleisch in eine Schüssel und die Sooße darüber.

83. Eine gebackene Kälber-Leber.

Man kochet eine ungeschnittene Kälber-Leber gahr, reibet selbige auf einer Reibe und suchet alle Faserchen heraus. Hiernach gießet man dazu ein gut Theil geschmolzene Butter, $1/2$ Pfd. ohngefähr, — für 4 Pf. geriebne Semmel, von einer Zitrone die Schaale, eine Theetasse voll Wein, 4 ganze Eyer und von 4ren das Gelbe oder auch 6 ganze Eyer, etwas kleine Rosinen, soviel Zucker, daß es gut schmeckt, und etwas — wenn die Butter nicht salzig genug — auch Salz.

Wenn dieses wohl untereinander gerühret, beschmiert man einen Tisch mit Butter, leget das eingerührte darauf und machet einen runden

4*

෴ 51 ෴

Kuchen, beschmieret solchen mit Gelb von Ey und
bestreut ihn mit geriebner Semmel. Alsdann
schicket ihn nach dem Ofen, daß er in gelinder
Wärme gebacken wird.

Zur Sooße darüber

nimmt man ¼ Pfd. Butter, wäschet selbige
rein aus, und drücket darin einen Löffel voll
Mehl; sodann quirlt man 4—6 Gelb von Eyern
und gießet dazu ein Mäßel Wein, thut dazu die
Butter, nimmt alsdann Mehl, Zitronen-Scheiben
und weißen Zucker, auch ein paar Theelöffel voll
Wasser und setzet solches aufs Feuer. So es
anfängt, zu kochen nimmt man es ab und gießet
es über die gebackene Leber; man kann selbige
auch mit Citronat bestechen, wenn sie zu Tische
getragen wird.

84. Eine gespickte Kälber-Keule.

Diese wird gespickt und gebrathen, aber nicht
braun, aber doch gahr, unterdessen macht man
folgende Sooße: Man legt ½ Pfd. Sardellen
ins Wasser, ziehet sie nachher von den Gräthen,
hacket sie klein, nimmt ein ½ Pfd. ausgewaschne
Butter, thut die gehackten Sardellen darin und
läßt sie damit kochen, bis selbige zergangen.
Rühre dazu einen Löffel voll Weitzen-Mehl, gieße

es durch ein Haarsieb, und gieb dazu 1 Mäßel
Fleischbrühe, so aber gar nicht salzig und 1 Mäßel
alten Franzwein. Zitronen=Saft und Schaalen,
so fein und länglich geschnitten, auch etwas Zucker.
Unterdessen quirlt man auch 6—8 Eyer und rühret
die Suppe damit ab und schüttet es sogleich über
die Keule und zu Tische. Mit den Eyern muß
man es nicht eher abwellen, bis man anrichtet.

85. Ein Ragout von Kälberbrathen.

Der Brathen wird in Stücke geschnitten und
mit einem gut Stück Butter, einer Menge Zwiebeln,
einer ganzen Zitrone, scheibenweise eingeschnitten
(in Ermangelung dieser nimmt man Wein=Essig),
Pfeffer, Englisch Gewürtz und etwas Zucker in
einen tiefen Tiegel oder Kassrolle gethan und
das Gefäß voll Wasser gegossen, zugedeckt und
recht einkochen lassen.

86. Einen Kälberbrathen frisch zu er=
halten.

Es wird dieses oft im Sommer eine nöthige
Sache, weil man nicht alles gleich verbrauchen
kann. Man nimmt alsdann in Ermangelung
eines luftigen Schrankes eine Serviette, und
schlägt sie um den kalten Brathen recht dicht zu,
daß keine Luft dazu kommen kann, und setzet

ihn so an einen kühlen Ort, so hält er sich recht
gut.

87. Farsch*) von Kalbfleisch.

Nimm Kalbfleisch aus der Keule, wovon die
Haut und Sehnen abgemacht sind, etwas frisches
Rindernierentalg, wovon gleichfals die Haut abgezogen, etwas von dem harten Fette von frischem
Schweinefleisch. Das Fleisch muß 2 Theile und
das Talg und das Schweinefett einen Teil aus-
machen. Schneide dieses alles in kleine Würfel
und leg es in eine Kaffrolle nebst gehackten
Zwiebeln, gewässerten und gehackten Sardellen,
Salz, gestoßenem Pfeffer, ein wenig Basilikum
und setz es aufs Feuer. Rühr es und laß es
heiß werden; alsdann nimm es heraus und laß
es wieder kalt werden. Dann hack es ganz fein,
thu es in eine tiefe Schüssel; thu dazu Eyer,
ein wenig Milch, geriebene Semmel, rühr es
mit einer hölzernen Keule gut untereinander, und
gebrauch es zu Butterteigspasteten, Poupetons,
auch Bouletten, und wozu du sonst noch willst.

88. Frikandellen von Kalbfleisch.

Schneide magere Stückchen Kalbfleisch aus
der Keule, klopfe sie recht mürbe, spicke sie mit

---

*) Farce. — Füllung.

Speck und Zitrone; rolle sie zusammen und stecke hölzerne Speilchen durch dieselben. Brathe sie in der Pfanne in Butter braun, thu sie in einen Schmohrtiegel, gieße halb Wein und halb Fleisch= brühe daran. Die Fleischbrühe erhält man von den Ueberbleibseln der Frikandellen, denn was sehnig ist, thut man nicht gebrauchen, sondern kocht es nebst den abgegangenen Knochen mit Salz, Lorbeerblättern und Englisch Gewürtz, und gießet die Brühe nach und nach zu. Nun thu etliche Zitronenscheiben und Schaale, auch etwas gestoßenes Englisches Gewürtz dazu und laß es damit schmohren, bis die Brühe braun und dicklicht ist. Will man die Frikandellen füllen, so nimmt man etliche ganze Eyer und rührt sie nebst Butter zu Schaum, thut Semmelkrumen und Muskatenblumen, auch ein gut Theil Peter= silie dazu. Diesen Farsch legt man in Häufchen auf die Frikandellen, steckt durch jedes Stück ein Splitterchen Holz und verfährt wie mit den un= gefüllten Frikandellen.

89. Rouladen von Kalbfleisch mit einer Sooße.

Nimm eine Kälber=Keule, ziehe die Haut da= von ab, schneide breite dünne Scheiben davon, klopfe sie gut, daß aber ja keine Löcher drein kommen. Das übrige Fleisch mache von den Sehnen ab und mache davon den Nr. 88 beschriebenen Farsch. Die Knochen haue klein, koche davon nebst dem Sehnenabgang eine kräftige Brühe. Dann nimm eine Scheibe Kalbfleisch nach der anderen, lege von dem Farsch hinein, wickle sie auf und umwinde sie mit einem Faden Zwirn. Schmiere den Boden einer verzinnten Tortenpfanne fett mit Butter, lege die Rollen neben einander, bestreiche sie mit geschmolzener Butter und lasse sie braun werden. Zur Sooße nimm Mehl, röste es in Butter gelbbraun, gieße Brühe durch ein Sieb dazu, thue darin gewässerte und gehackte Sardellen, ein wenig klein gehackte Zwiebeln und Lorbeerblatt, gestoßene Muskatblüthe, auch Salz, wenn es nöthig ist, und laß es zusammen kochen. Man kann auch eingemachte Champignons dazu thun. Wenn man bald anrichten will, mache man den Zwirn von den Rollen, lege sie hinein, laß sie ein wenig mitkochen, dann richte sie an.

90. Rouladen auf andere Art.

Wenn man von einer Kälberkeule die Haut abgemacht hat, so schneide man davon dünne Scheiben wie einen Finger lang und wie drei Finger breit, auch schneide man von fettem ge-

räuchertem Speck eben solche dünne Scheiben.
Die Kalbfleischscheiben klopfe mit dem Messer-
rücken ganz mürbe; leg immer eine Scheibe Kalbfleisch und eine Scheibe Speck zusammen; nimm
das Gelbe von hartgekochten Eyern, hack es und
streu es auf das Kalbfleisch. Streue gestoßenen
Pfeffer, Muskatblumen, Salz und gehackte Petersilie auch darauf, rolle es zusammen auf, umwinde sie mit einem Faden Zwirn, und fahre so
fort bis sie alle fertig sind. Dann stecke sie quer
durch an kleine Vogelspieße und binde diese an
einen großen Brathspieß; begieße sie mit Butter
und brathe sie gahr.

Richte sie an und gieb Zitronen dazu herum,
den Saft darauf zu drücken.

91. Fricandellen.

Zu einer großen Schüssel nimmt man eine
Kälberkeule von 8 bis 10 Pfd., ziehet die Haut
ab und schneidet die Stücke so wie sie sich von
einander theilen, etwan eine Hand breit und so
dick als sie werden wollen. Das Sehnigte rein
ab; diese 7, 8 bis 9 Stück, die etwan daraus
werden, spicket man recht fein auf der runden
Seite; das sehnigte Fleisch und die Knochen
werden abgekocht. Nun setzet man ein gut Stück
Butter nebst einigen Stückchen Zucker auf ge-

lindes Kohlfeuer; thut das Fleisch darein und läßet es braun schmohren. Es muß aber fleißig danach gesehen, geschüttelt und umgedrehet werden. Wenn es nun egal braun und die Sooße so klahr, daß alles eingeschmohret und man nur klahre Butter darauf siehet, so hält man sie von der Seite und rühret 3 silberne Löffel voll Mehl darein, gießet von der Fleisch=Brühe soviel über die Fricandellen, daß solche überstehet, und sie darin völlig gahr kochen. Nun gießet man die Sooße durch ein Haarsieb davon ab. Diese muß sehr klahr seyn. Dann thut man etwas Schalotten recht fein gehackt, von einer mittelmäßigen Pomeranze den Saft, von der Schaale etwas in Wasser abgekocht, auch von einer Zitrone den Saft, und ein ganz klein wenig Essig daran. Dieß alles läßet man nun tüchtig einkochen und leget die Fricandellen bis zum Anrichten wieder darein. Mit dem Salzen muß man sich sehr in acht nehmen, weil die Sooße so kräftig wird.

92. Eine geschmohrte Kälber=Keule.

Man ziehet die Keule ab und leget Butter in einen Schmohr=Topf, braun gebrathen. Dann die Keule darin gelegt, daß sie etwas braun brathet. Alsdann wird Wasser aufgegossen, daß es beinahe übersteht. Erst abgeschäumet, Lorbeer=

blätter, Salz, Englisch Gewürtz, Ingwerklauen
daran gethan und damit geschmohrt. Zuletzt
Zitronen-Scheiben oder ein bischen Wein.

93. Eine angeschlagene Kälberkeule mit Holländischer Sooße.

Wenn man zuweilen von einem Kälberbrathen
übrig behält, sammelt man das Fleisch rein von
den Knochen und hacket es fein. Alsdann nimmt
man wie früher ein gutes Stück Butter zur
Sahne gerührt, etwa 5 bis 6 Eyer, für 6 Dreyer
Semmel, nachdem es viel oder wenig werden soll,
etwas Zucker und Muskatenblüthe, und thut das
gehackte Fleisch dazu, machet es in der mit Butter
beschmierten Torten-Pfanne in Gestalt einer
Kälberkeule, oder schläget es auch wieder an die
Knochen und läßet es gelinde backen. Alsdann
die Sooße darüber, welche man auch mit Kapern
oder Champignons sauer machen kann. Man
kann die Keule auch mit Gelb von Eyern bestreichen.

94. Eine andere angeschlagene Kälber-Keule.

Man nimmt eine rohe Kälber-Keule, von
5 bis 6 Pfd., schneidet das Fleisch von den Knochen
rein ab, und machet alle Fäserchen heraus, schneidet

es würflich und hacket es ganz fein; klopfet es mit
einer Keule weich; hierunter nimmt man 2$\frac{1}{2}$ Pfd.
fett Schweinefleisch, schneidet die Schwarte und
hacket es auch fein; salzet es etwas; dann thut
man's zu dem Kalbfleisch, nebst für 6 bis 8 Dreyer
klein geriebener Semmel; von einer Zitrone die
Schaale fein geschnitten, Muskatenblumen und
Zucker nach gut dünken, auch ein halb Bierglaß
voll alten Franzwein. Dann quirlet man 12 ganze
oder 8 ganze uud 8 Gelbe von Eyern, gießet
allmählich solches unter das eingerührte, rühret es
wohl durch, schmeckts, obs salzig und süß genug,
drückts alsdann, nachdem der Knochen rein ab=
geschabt, ganz fest, dann formiert man es wie
eine Keule, begießt es mit geschmolzener Butter
und schickts nach dem Backofen, daß es gelinde
backet. Zur Sooße darüber nimmt man ein paar
Löffel voll Kirschsaft, drückt denselbigen mit
Wein auseinander, gießet dazu ein Nößel, auch
mehr, jungen Franzwein, thut dazu für 6 Dreyer
geriebenen Zwieback, so recht fein ist und Zucker
nach belieben, nebst Zimmt, Nelken, auch etwas
geriebene Zitronen=Schaale, läßet es wohl durch=
kochen und gießts über die Keule.

95. Kälber=Keule mit Glace.

Die Kalbskeule wird sehr sauber gespickt und
in einer Castrolle oder Schmohr=Tiegel gekocht;

die Brühe muß aber nicht zu ſtark geſalzen
werden. Wenn ſie mürbe iſt, denn braun darf
ſie nicht werden, wird ſie herausgenommen und
ein Theil der Brühe, welche gut vorgeklährt iſt,
wird zu einer braunen jus gekocht. Wenn dieſe
ſo dick iſt zum ziehen, ſo überſtreicht man damit
das geſpickte der Keule, dann nimmt man Milch,
ſoviel wie zu einer Sooße gehört, hat ſchon
darinnen laſſen einige Löffel voll Mehl gahr
werden, nebſt einem Stückchen Butter, und nun
wird dirſe Sooße in die Caſtrolle gegoſſen und
mit der übrigen jus zuſammen gerührt. Bei dem
Anrichten wird es nur um die Keule gegoßen;
die Sooße ſtehet röthlich aus und ſchmecket ſehr
gut; auch ſchmecket zu dieſer Keule à la Glace
ſehr gut die Sauerampf=Sooße.

96. Nierenſchnitten zu backen.

Nimm von einem kalten Kälberbrathen die
Nieren und das Fett nebſt etwas Brathenfleiſch,
hacke es klein, thu es in eine Schüſſel, thu dazu
Eyer, Sahne, gehackte Peterſilie, Salz, geſtoßenen
Pfeffer, geriebene Muskatnuß und geriebene
Semmel und rühre es durcheinander. Dann
ſchneide Semmel in Scheiben, tauche eine Scheibe
nach der andern in Milch, ſchmiere dann gleich
das Gemengte eines Fingers dick auf die Scheiben,

ſtreich es mit einem Meſſer glatt, backe die Schnitten
in einer Tortenpfanne und beſtreue ſie mit Zucker
und Zimmt. Sie müſſen warm gegeſſen werden.
Man kann auch anſtatt der Peterſilie gehackte
Zitronenſchaale drein nehmen.

97. Fricaſſée von Kälber- oder Hammel-
füßen.

Wenn die Füße gekocht ſind, werden ſie 'ſo
klein gemacht, als man es nöthig findet. Dann
lege ſie in eine Pfanne, thue Butter dazu und
eine Zwiebel. Wenn es gut gebrathen iſt, gießet
man Waſſer darauf, daß es durchkocht, thut auch
ein wenig Peterſilie, Muskatenblumen, geriebenes
Weißbrod daran und ſo viel Salz als es nöthig
iſt. Laſſe es durchkochen.

98. Fricaſſée von Kalbfleiſch.

Wenn das Fleiſch gehauen iſt, muß es gut
abgeſäubert werden, dann wird es in eine Pfanne
gethan mit einem gut Stück Butter, eine Zwiebel
mit Nelken geſpickt, darunter gelegt; dann wird
ein wenig Waſſer darauf gegoſſen, worin es gut
durchkochen kann. Dann werden ausgemachte
Krebs-Schwänze daran gemacht. Murcheln,
Muskatblüthe, gehackte Peterſilie nach belieben.
Wenn es dann ſo weit fertig iſt, ſo drückt man

in ein Stückchen Butter einen Löffel voll Mehl,
läßet solches mit durchkochen und rühret es mit
3 oder 4 Gelb von Eyern ab.

99. Budding von Kalbfleisch.

Man nimmt 4 Pfd. Kalbfleisch aus der Keule,
suchet aus demselbigen alles Sehnigte und alle
Knochen heraus, hacket es sehr klein und klopfet
es zuletzt, daß es sich so weich wie Mehl an-
fühlet. Nimmt ein Pfd. Rinder-Nieren-Talg,
machet davon alle Häutlein, hacket es sehr
fein und thuts unter das gehackte Fleisch, und
thut Muskathenblüthe nebst Zucker dazu. Quirle
6 ganze und von 8 Eyern das Gelbe und gieße
es allmählich auf das Fleisch. Rühre es wohl
durcheinander und thue alsdann für 4 Dreyer geriebene Semmel daran. Beschmiere eine Serviette
in der Mitte dick mit Butter und thue dieses
Fleisch, welches erst zuvor ein wenig muß gesalzen
sein, in das Tuch, binde es dichte zu und thue
es zwei Stunden vor dem Essen in kochende
Fleischbrühe, woran zuletzt, wenn sie durchgestehen,
etwas Butter in Mehl gebrathen, gethan wird,
wenn zuvor das Fett, so aus dem Budding gekocht, alles abgefüllet ist weil Talg darunter ist.

An die Suppe kann man einige Petersilien-
Wurzeln werfen, die man beim aufgeben wieder
heraus nimmt. Auch können hieran Krebs-

ſchwäntze und Zucker-Wurzeln gemacht werden
oder kleine Klöße. Man kann anſtatt des Nieren-
Talg Butter nehmen.

100. Griſette.

Erſtens das Zubehöhr zum Teige: 3 Eyer,
1 Pfd. Butter, 1³/₄ Pfd. Mehl, 4 Loth Zucker,
¹/₈ Pott Milch, 1 Weinglaß voll Franz-Branntwein, ein Eßlöffel voll Bärme. Nachdem das
Pfd. Butter erſt abgeſchmolzen iſt, werden alle
vorher beſagten Ingredenzien zu einem Teige
angerühret. Sodann mit einem Mangelholz
einigemale unter öfteren Unterſtreuen des übrig
gebliebenen Mehl zu rollen, ſo daß alles Mehl
der 1³/₄ Pfd. angewandt werden muß. Hiernächſt
wird ohngefähr ³/₄ dieſes ausgerollten Teiges in
eine Melonen-förmige Form behutſam eingedrückt,
ſo daß 2 Finger breit Teig über den Rand der
Form beſtehen bleibt. Das unten beſchriebene
dazu bereitete Fleiſch wird ſodann, bis über die
Form, nachdem es erſt ganz kalt geworden, eingelegt, mit dem übrigen ¹/₈ vom Teige oberwärts
bedecket und mit dem 2 Finger breit ſtehen gebliebenen Teige rund herum überſchlagen, damit
auf dieſe Art der Boden des Teiges befeſtiget
wird und nicht ausfallen kann, wenn die Form
nachher umgekehrt wird. Zuvor aber muß die
Form mit Butter ausgeſtrichen und mit Faden-

Nudel inwendig bestreut werden, ehe der Teig eingelegt wird. Sodann setzet man die Grisette an einen warmen Ort, daß der Teig etwas raschen (dieß muß heißen sollen, aufgehen) kann, und schickt sie ohngefähr noch 1 Stunde nach dem Backofen. Während dem Backen derselben macht man eine Sooße dazu von Kalbfleisch oder anderer Brühe.

Gehackte Murcheln und Trüffeln, die zuvor in Butter gebrathen werden müssen, Franz=Wein nach belieben, etwas Butter in Mehl geknetet und etwas Ingwer und Pfeffer wird dazu gethan. Sobald angerichtet werden soll, wird die Grisette auf eine Schüssel so das oberste unten zu liegen kommt, gelegt, und die Sooße in einer Sauciere neben bey gegeben. Sollte aber einmal etwas zu viel Brühe auf dem zubereiteten Fleisch ge= blieben seyn, so muß man sorgfältig etwas Brühe beym Einlegen in die Form (da diese Brühe als= dann doch gallertartig ist) zurücklassen, weil sonst sehr leicht der Teig zu weich wird, dann also nicht braun werden will, oder auch wohl gar zerbricht und sein Ansehen dadurch verliehrt.

Das Fleisch zur Grisette.

5 Pfd. Kalbfleisch, 1 gut Stück Butter, 1 gut Teil Murcheln und Trüffeln, ½ quart Franz=

5

Wein, Ingwer, Pfeffer, Muskatenblühte und
Salz. Das Fleisch kocht man in einer ganz
kurtzen Brühe, wie man alle Fricaßees zu kochen
pfleget. Thut kurtz zuvor, ehe es gahr ist, erst
den Wein, die Murcheln, die Trüffeln hinzu.
NB. Die Murcheln und Trüffeln müssen zuvor
gekocht und in Butter gebrathen werden, und
können nach belieben gantz oder zerhacket werden.
Wenn es kalt ist, wird es in die Grisette gefüllet.
Nimmt man etwa Hühner oder Tauben, so
wird die Leber und der Magen zerhacket.

101. Kalter Schweins-Schinken.

Man nimmt einen Schinken, so einige Tage
in Salz gelegen; wenn er mürbe gekocht und
abgezogen ist, hat man einen Gallert parat von
Kalbs-Poten und Essig, etwas stark gesalzen;
hiervon hat man einen Theil auf Teller gegossen
und das übrige in eine tiefe Schüssel. Das auf
dem Teller wird in fingerbreite Bänder geschnitten
und würflich über den Schinken gelegt. Aus
der tiefen Schüssel sticht man mit einem silbernen
Löffel Stücke aus, welche rund um die Schüssel
gelegt werden. Was diese Schüssel am besten
dekorirt ist dieß, daß man unter die Hälfte
des Gelées Rothen-Rüben-Saft nimmt, und
so legt man bald einen Löffel rothen bald

weißen Gallert: Nur man muß davor sorgen,
daß der Gallert, ehe man ihn kalt werden läßet
gut geklähret ist. Und dann wird die oben be=
nannte Sooße dazu gegessen; eine junge Auer=
henne schmeckt auch so sehr gut, daß verstehet
sich, die wird nicht eingesalzen.

102. Bratwürste mit saurer=Sooße.

Die Würste werden mit Bier, gerieben Brod,
eine Menge Zwiebeln und Essig beygesetzt und
recht einkochen lassen; dann kommt zuletzt ein
wenig Zucker drann.

103. Candirter Schweine=Schinken.

Man nimmt einen jungen Schinken, salzet
ihn 8 Tage ein, dann leget man ihm die Nacht
vorher, wenn man ihn gebrauchen will ins
Wasser, und läßet ihn dann gut gahr kochen;
wenn er halb kalt geworden, ziehet man ihm
die Haut ab, steckt ihn an einen Spieß. Wenn
er dann scheinet an zu brathen zu fangen, drücket
man Zitronen=Saft darauf und läßet ihn einige
mal damit herum gehen; dann bestreuet man ihn
tüchtig mit Zucker, läßet dieses wieder anbrathen
und ziehet ihn vom Spieß ab. Dieser Schinken
wird kalt gegessen.

5*

104. Ein gefülltes Rippenspeer.

Da nimmt man das Rippenspeer, löset das Fleisch von den Knochen, doch nit ganz und füllet es mit geriebenem Brod, woran gehörig Zucker und Zimmt ist, geschnittene Äpfel, Pflaumen, Kirschen, große Rosinen und etwas weniges Fett. Thut dieses Füllsel, erst recht unternander rühren. Wenn die Rippe mit diesem gefüllet ist, näht man sie wieder zusammen und läßt sie im Ofen brathen.

Man bestreut es auch mit Mehl.

105. Sülze.

Gepöckelte Schweinsfüße, dazu entweder rohe Schweinsfüße oder Kälberfüße genommen werden. Diese werden mit einigen Lorbeerblättern in Wasser so weich gekocht, daß sich alle Knochen loslösen, alsdann klein geschnitten und gestoßenen Pfeffer, Englisch Gewürtz und Nelken und viele klein gehackte Schalotten dazugethan und überkocht. Alsdann halb Franzwein, halb Weinessig nach Gutdünken dazu gethan und zu Gallert kochen lassen. Dann werden die Schweinsschnuten, welche gleichfals ganz weich gekocht sind, in ganz feine Scheiben geschnitten und mit Zitronenscheiben in Schüsseln gelegt und das übrige darübergegossen.

106. Ein Schüssel-Essen.

Bestreiche eine Schüssel mit Butter, schneide dünne Scheiben Schinken und lege sie mit abgewaschenen gebackenen Pflaumen drauf. Schlage 8 Eyer in einen Topf, quirle etwas Mehl darunter, gieß es über den Schinken und laß es bey dem Bäcker backen.

107. Brath-Wurst, so sehr gut.

3 Pfd. gut durchwachsenes Schweinefleisch, 1 Pfd. klahres Kalbfleisch, dieses wird zusammen fein gehacket, dann 16 Stück Nelken, 1 Kaffee-Löffel voll Englisch Gewürtz, 1 dito voll Pfeffer. Das wird fein gestoßen. Von einer Zitrone die Schaale fein gehacket, etwas ganzen Kümmel (oder Karbe genannt). Dann wird ein guter Tassen-Kopf voll Weißbier, oder auch dieß Maaß halb Franzwein, halb Wasser über die Masse gegossen und gut untereinander gerühret. Dann wird es in die Därme gefüllt. Die Wurst läßet man, mit kaltem Wasser aufgesetzet, ½ Stunde kochen, dann gießet man die Brühe ab, füllt das Fett wieder über die Wurst und darin braun gebrathen.

108. Koviehl von Schinken.

Nimm ein Stück gekochten Schinken, nähmlich mageren, hacke es klein, backe Plinsen. —

In eine Rand-Schüffel lege eine Plinze, dann den vorgehackten Schinken, und so wird eine ganze Zeit fortgefahren. Alsdann macht man eine Liaison von Sahne darüber. Siehe Nr. 305. — Setze es in den Ofen, daß es eine Haut bekömmt.

109. Ein gebrathener Schweinschinken.

Man nimmt einen Schweinsschinken von 8 bis 9 Pfd., ziehet die Haut ab und brathet selbigen alsdann gahr. Zur Sooße darüber machet man es wie mit derselben über eine angeschlagene Kälber-Keule. Und wenn man es aufgiebt, so beftreuet man ihn mit klein geschnittenen Mandeln, aber länglich geschnitten.

110. Eine Kartoffel-Speise mit Schinken oder durchgewachsenem Speck.

Die Kartoffeln werden geschälet, in Scheiben geschnitten, sodann in einen Topf wo sie gewöhnlich kochen, gethan und gesalzen. — Wenn sie gut gahr, wird das Wasser rein abgegossen, und recht fein gerühret; — scheinen sie zu derbe, kann man ein wenig Milch zugießen. —

Nun hat man in ein gutes Stück Butter feingehackte Zwiebel gethan, und läßet sie gelblich brathen, welche man dazu gießet. — Alsdann nimmt man eine Mehlspeisen-Form, oder

auch eine zinnerne Schüſſel, mit einem Rand von
Teig, beſchmieret ſie mit Butter, und machet die
erſte Lage von Kartoffeln, dann eine Lage von
dem Speck, welcher recht mürbe muß gekocht,
und in feine Scheiben ausgeſchnitten ſeyn. (Der
durchgewachſene Speck ſcheint mir beſſer, als
der Schinken.) Wenn es nun lagenweiſe einge-
leget, machet man es oben glatt, und gießet ein
wenig Sahne darüber mit einem Löffel, und
thut immer, als will man die Kartoffeln ein
wenig heben, doch müſſen ſie nicht aus der Sahne
kommen, und dann läßet man ſie gelblich backen.
— Will man es nun recht fein haben, nimmt
man einen Hering, läßet ihn wäſſern und ſchneidet
ihn in feine längliche Stücke, dieſe leget man
auf ein Blatt Papier gegen einander, thut in
einen flachen Tiegel ein Stückchen Butter, und
läßet ihn ſo aufbrathen. — Als dann leget man
ihn darüber.

III. Geräucherte Leber-Wurſt zu machen.

Man nimmt zu einer Schweinsleber, ohngefähr 5 bis 6 Pfd. Fleiſch aus dem Bauche, nach
dem ſie groß oder klein iſt. Eigentlich nimmt
man dazu die Kehl-Brathen und Wannen (ich
aber nehme ſolche nicht, nehmlich erſtens, weil
die Köpfe ſo ſehr zerſchnitten werden, und es

immer ein ſchönes Eſſen iſt). Die Leber wird
roh fein gehacket, das Fleiſch aber nebſt der
Zunge mürbe gekocht und erſteres gleichfalls fein
gehacket; die Zunge wird in etwas großen Würfeln
geſchnitten, das Fett aber von den Fließen in
Würfeln je kleiner je beſſer; nun wird alles zu=
ſammengemenget, gut geſalzen, ein gutes Theil
Mairan, Pfeffer und Engliſch Gewürtz dazu ge=
than, und dann damit die fetten Enden *) angefüllet.
Man kann ſolche ganz voll ſtopfen; nun läßet man
ſolche ohngefähr eine gute vierthel Stunde kochen,
und leget ſie unter eine gelinde Preſſe etwa eine
Nacht oder länger, und als dann 8 Tage in Rauch
gehangen. Bey dem Kochen muß man behutſam
ſeyn, damit ſie nicht zu ſtark kochet und platzet;
auch kann man das Waſſer ſalzen, wenn das
Fleiſch gekocht wird, um der Zunge willen auch
die Wurſt beym Kochen, wenn man glaubet ſie
nicht genug geſalzen zu haben. Von einer et=
was ſtarken Leber bekömmt man 8 Würſte.

NB. Man darf nicht glaubeu, daß die Würſte
zu fett werden, wenn die Wannen mit darunter
kommen, ſie muß ſchon fett ſeyn.

112. Lungen=Wurſt zu machen.

Man hacket die Lunge gut fein, nimmt von
dem Fleiſch, ſo man bei dem einhauen ſammelt

---

*) Därme gemeint.

nach gutdünken dazu, je mehr, je besser, und hacket solches beizeiten, weil es unter der Lunge nicht gut geht. Als dann thut man Mairan, Pfeffer und ein gut Theil Englisch Gewürtz dazu, füllet damit die Bratwurst-Gedärme so fest als möglich und läßet sie 10 bis 12 Tage im Rauch hängen.

113. Geräucherte Würste, sogenannte Salvalat*)-Würste.

Man nimmt 13½ Pfd. Fleisch aus der Keule, schneidet selbiges in Prittselchen und hacket es dann so fein wie nur möglich. Dann nimmt man 2½ Pfd. Fliesen-Fett, schneidet selbiges in Würfeln und hacket es ebenfalls so fein wie möglich darunter, so daß es ganz unter einander gemischt ist.

Dann nimmt man etwas über ½ Pfd. Karbe**), 3½ Loth Pfeffer, 1½ Loth Wurstkraut, 6 gute Fingerspitzen Salpeter, und ich glaube — 3 Thee-Tassen mit Salz, doch dieß kann ich nicht gewiß behaupten. Wenn solches gut untereinander gerührt ist, wird es in Rinder-Schloß-Därmen so fest wie nur möglich gestopft, und dann in den Rauch.

---

*) Cervelat. — **) Kümmel.

114. Preßkopf.

Nimm einen Kälberkopf und 3 Pfd. Schweinefleisch, und koche beides apart. Wenn es gahr
gekocht ist, schneidet man beides in feine Stremel
ohngefähr einen Finger lang und einen Finger
dick; läßet sodann die Brühe klähren, thut es in
einen Tiegel und gießet halb Kalbs- halb Schweins-
Brühe darauf. Dann thut man feingehackt,
Sardellen, Capern und Schnitlauch dazu; doch
lasse es nicht einkochen, denn die Brühe muß
weit darüber gehen. Man thut auch etwas Essig
dazu, aber sehr wenig.

NB. Hierzu macht man eine milde Schweins-
kopfs-Sooße wie in Nr. 144 steht.

115. Zu Würsten, auf 2 Schweine ge-
rechnet.

So wie der Schlachter sie macht, braucht
man für 20 Silbergroschen Semmel, 6 Pfd
Kastanien, 1/4 Pfd. Pfeffer. 1/4 Pfd. Englisch Gewürz, von 3 Zitronen die Schaale, nach belieben
Wurstkraut und Mairan.

116. Eine geschmorte Hammelkeule
mit Gurken.

Wenn das Hammelfleisch gahr gekocht ist,
so wird etwas von der Brühe auf die Gurken

gegoffen und ebenfalls kochen laffen. Dann
wird es mit Mehl braun eingebrannt und Zucker
und Effig drann gethan und recht fchmohren
laffen. Es wird dann aufs Hammelfleifch ge=
goffen und noch zufammen kochen laffen.

117. Ein Ragout von Rehbraten.

Das fleifch wird in Scheiben gemacht, nicht
zu dicke, geftoßene Nelken, Pfeffer, gut braun
Mehl und ein Glaß Wein darangegoffen; wenn
es wohl durch gekocht, fo kommen Zitronen=
Scheiben daran; und beim Anrichten beftreut
man es mit den Zitronen=Scheiben. Wer es
gern fäuerlich haben will, der kann ein wenig
Wein=Effig dazu nehmen.

Von Hafenbrathen kann mans eben auf vor=
befchriebene Art machen.

118. Ein Ragout von Hammelbrathen.

Der Brathen wird mit den Knochen in
Stücken gehauen, dann werden Charlotten, in
Butter gut braun gebrathen, daran gethan, etwas
Pfeffer, gebrannt Mehl.

Man kann es fo füß laffen oder auch ein
wenig Effig daran gießen, auch ein wenig ge=
ftoßene Nelken daran thun.

119. Ein Gericht von Hasenbrathen.

Der Brathen muß sehr klein gemacht werden, brathet ihn dann in Butter, legt ihn in eine Schüssel, macht gehackte Sardellen dazu. Von einer Zitrone drückt man den Saft dazu, macht die Schaale davon, ganz klein geschnitten, darüber, dann ein wenig durch gebrathen.

120. Gedämpftes Hammelfleisch mit kleinen Zwiebeln.

Will man eine ganze Keule nehmen oder sie in der Breite von einander schneiden, so klopfet man das Fleisch, daß es ganz breit wird; als dann thut man einige Stücken Zucker daran 3 bis 4, wie man sie zum Kaffee gebraucht, läßet solchen stark braun werden, dann thut man einige Stücken Speck unten in die Kastrolle; hat man solchen aber nicht, nimmt man etwas Fett oder Butter; und alsdann leget man das Fleisch darauf, und läßet solches auf gelindem Feuer in seiner eigenen Sooße immer dampfen. Sehet aber fleißig danach und kehret es um; man kann auch zuweilen einige Löffel voll Wasser daran gießen. Nachdem sich das Fleisch ge= schmohret, wenn es nun beynahe gahr und braun genug ist, alsdann leget man das Fleisch heraus, gießet die Brühe durch ein Sieb und thut einen ſtarken Löffel voll Mehl daran; wenn ſolches mit braun, alsdann gießet man gehörige Fleiſch=brühe dazu, leget das Fleiſch wieder darein, ſo daß die Brühe darüber geht. Nun läßet man es tüchtig ſchmohren bis die Brühe eingeſchmohret ſo viel als nöthig; dann wird es erſt recht candiret ausſehen. Die Zwiebeln nimmt man ſo klein als man ſie haben kann, kochet ſie im Eſſig gar und thut ſie als dann an das Fleiſch, daß ſie nur einmal mitaufkochen.

121. Tauben mit einer Sardellenbrühe.

Man muß die ganzen unzerſchnittenen Tauben in einem Schmohrtopf über gelindem Kohlen=feuer in zuvor gelbbraun gemachter Butter gahr ſchmohren, ſie alsdann herauslegen. Fein gehackte Sardellen und Zwiebeln, nebſt ein wenig Mehl, kochendem Waſſer und ganz wenig Weineſſig zuſammen ſieden, und dieſe Brühe über die Tauben in die Schüſſel gießen.

122. Gekochte Hühner mit Krebs=Schwänzen.

Man ſetzet die Hühner bey, thut daran ein Stückchen Ingwer, und wenn es junge Hühner ſeyen, ein bißchen Butter. Unterdeſſen nimmt man Krebſe aus und davon die Schwänze, ins

gleichen wohl eingemachte Spitz-Murcheln, thut
beyderley in einen Tiegel und thut daran ein
Stückchen wohl schmeckende Butter, etwas Mus-
kathen-Blumen, und dazu etwas Hühnerfleisch-
brühe, und etwas geriebene Semmel; und läßet
selbiges ½ Vierthelstunde kochen. Hieran kann
man auch wenn die Krebse Eyer haben, solche
mit daran thun, auch einen guten Löffel voll
Krebs-Butter. Dann thut man die Hühner in
eine Schüssel und gießet die Sooße darüber, es
muß aber keine lange Brühe seyn.

123. Ein gekochtes altes Huhn mit Weiß-Kohl.

Man setzet ein altes Huhn bey, schäumet es
wohl und salzet es. Unterdessen schneidet man
Weiß-Kohl so fein als Salat, thuet dann selbigen
in einen großen Tiegel, welcher zugedeckt werden
kann, gießet von der Hühnerbrühe darauf, thuet
daran ein gut Teil Butter, etwas Muskathen-
Blumen, auch ein Stückchen Zucker, läßet es
eine gute Stunde kochen und rühret es einige
Male um. Zuletzt thut man fein geschnittene
Petersilie, und fein geriebne Semmel daran und
und läßet selbiges mit durchkochen. Dann thut
man das Huhn auf den Kohl, muß aber keine
lange Suppe seyn, sonst schmeckt es nicht kräftig.

124. Ragout von gebrathenen Hühnern.

Man vierthelt die Hühner, setzet sie mit vielen klein geschnittenen Zwiebeln, einem Stück Butter, Wasser und Zitronen-Saft auf und läßt das zusammen sämig kochen, man kann auch Champignons oder einige Sardellen daran thun.

125. Fricassée von jungen Hühnern mit Champignons.

Man macht die jungen Hühner rein, schneidet sie in Stücken, wäßert sie in frischem Brunnen-wasser weiß aus, kocht sie in kaltem Wasser einmal auf, wäscht sie noch einmal und putzt sie ab. Die Champignons werden in Butter und etwas Mehl geschmelzt, dann thut man die jungen Hühner nebst einer mit Nelken gespickten Zwiebel hinein, läßet sie so eine Weile ziehen, füllet Bouillon drauf, und läßt sie sachte kurz und weich kochen.

Wenn man anrichten will, drückt man von einer Zitrone den Saft aus, rühret einige Ey-dotter mit Wasser klahr und ziehet damit das Fricassée ab, zu dem man auch noch Kälbermilch und Krebs-Schwänze nehmen kann.

126. Hühner mit Hering gespickt.

Laß ein Huhn mit Waſſer und Salz halb gahr kochen. Zerſchneide friſchen Hering in Streifen und ſpicke das Huhn damit. Es muß aber zuvor kalt ſeyn, ehe es geſpickt wird. Als dann wird es zertheilt, in einen Tiegel gethan und von der Hühnerbrühe ein Theil drauf ge= goſſen und etwas Butter und Muskatenblumen dazu gethan. Zur Brühe wird die Heringsmilch wie auch etwas Hering würflich geſchnitten und einige Zitronenſcheiben dran gethan; wenn man anrichten will, wird die Brühe mit Semmel= krumen ſämig gemacht. Mit Kalbfleiſch kann man es ebenſo verfahren.

127. Gebrathene Hühner in Teig gehüllet.

Wenn die Hühner gelblich gebrathen, begießet man ſie mit einem braunen Kuchen=Teig, nur etwas dünner. Dieſes wiederholt man ſo oft als beliebt, nur läßt man ſie das letzte mal beſonders hübſch gelblich brathen. Zur Sooße nimmt man $\frac{1}{2}$ quart rothen Wein, thut gehöhrig Zucker, ein gut Theil Zimmt, $\frac{1}{2}$ in Scheiben geſchnittene Zitrone daran. Wenn dieß zuſammen $\frac{1}{2}$ viertel Stunde gekocht, thut man den Wein in die Schüſſel und leget die Hühner darein, wo ſie denn aber auch bald auf den Tiſch kommen müſſen.

128. Ein Fricassée von Hühnern oder Kalbfleisch.

Wenn sie gut abgeputzt sind, werden sie mit Wasser aufgesetzt, ein gut Stück Butter dazugethan, einen Hering und Chalotten ganz fein gehackt, ein paar Lorbeerblätter, ein paar ganze Pfefferkörner, etwas Ingwer und auf 2 Hühner eine halbe geriebene Semmel gerechnet. Dieses wird alles rein gethan und muß gut zusammen kochen, als dann wenn es halb gahr ist, werden Kastanien und Murcheln und eine halbe Zitrone in Scheiben geschnitten dazu gethan und noch gut zusammen gekocht; vor dem Anrichten alsdann mit Eyern abgewellet.

129. Farcirte Enten in Gelée.

Man nimmt die Enten, schneidet sie auf dem Rücken auf und nimmt alle Knochen heraus bis auf die Keulen, welches sich gut machen läßet, wenn man das Fleisch mit einem Messer von den Knochen abschälet, so daß das ganze Gerippe aneinander hängen bleibet. Nun schneidet man es, wo das Gelenk von den Keulen ist, ab; man kann zwar diese Knochen auch mit auslösen, es ist aber etwas umständlich.

Ist nun die Ente gut fleischig, so schneidet man inwendig etwas von dem Magern der Brust heraus und nimmt es mit unter den Farsch. Zu

6

solchem nimmt man 2 Pfd. Kalbfleisch aus der
Keule, schabet solches ganz fein, wie man es zu
einem guten Klops thut, hacket ein paar Sar=
dellen, Kapern und Chalotten fein, auch von einer
halben Zitrone die Schaale dazu. Nun nimmt
man 6 Eyer, läßet solche beynah ganz hart kochen,
reibet ein Stückchen Butter zu Sahne, streichet
die Eyer durch ein Haarsieb dazu und nimmt
von einer Zitrone den Saft darunter. Nun
menget man es gut mit oben erwähntem Fleisch
durch einander; dann wird die Ente damit aus=
gefüllet, der Rücken zugenähet, die Keulen aus=
gestrecket, sie ein wenig gebunden und ihr die
Gestalt einer Ente wiedergegeben. Als dann
kochet man sie an zwei Stunden bei gelindem
Feuer; hat man etwas Fleischbrühe, gießet man
sie darauf, sonst thut es auch Wasser. Ist sie
nun kalt geworden, so nimmt man $1/4$ Pfd.
Schweineschmalz, welches bei dem ausbrathen
nicht gelb geworden. Am besten thut man,
wenn man $1/2$ Pfd. Fließen nimmt und es aus=
brathet. Dieses Schmalz nun reibet man tüchtig
in einer Schüssel, so wird es weiß wie Schnee.
Nun schmieret man es mit einem Messer nicht
zu dick auf die Ente und zuletzt machet man es
immer warm, wo dann die Ente aussiehet, als
ob sie laquirt sey; man kann sie weiß lassen, oder
zieret sie mit Sardellen, Pistazien oder Blumen

aus. Darauf wird die Ente mit der hierauf folgenden Gallert belegt und die Sooße Nr. 145 dazu gegessen.

130. Gallert über kalte Speisen.

Zu diesem Gallert wird genommen ein kalter Kalbskopf; diesen kann man ganz oder wenn man will, auch nur die Haut davon nehmen. Dazu vier Kalbsfüße, welche man einhauet, salzet, und etwas schäumet; wenn sie gahr sind, ziehet man sie aus, läßt den Gallert etwas stehen, damit er sich setzer, doch so, daß er heiß bleibet. Nun schlägt man von 6 Eyern das Weiße zu Schaum, gießet bei vielem Rühren die heiße Suppe darauf, und setzet den Topf an einen warmen Orth, damit sich der Schaum heraufziehet. Wenn dieses nun geschehen, daß er sich ordentlich zusammengezogen, als hätte er eine Haut, so nimmt man ihn ab, gießet den Gallert durch ein Tuch, in einen Spuhl-Humpen, oder tiefes Gefäß und läßet ihn kalt werden. Wenn man nun die Ente anrichten will, leget man sie in der Mitte auf die Schüssel, sticht mit einem Löffel dünne Blätter aus dem Gallert und leget solche um die Ente, welches dann schuppig aussiehet, und hin und wieder um den Rand kommt krauser Gallert. Man hüte sich, nicht zuviel Wasser auf die Füße zu gießen, damit es steif genug wird.

5*

131. Enten mit Zuckerwurzeln.

Die Enten werden, wenn sie sauber zugerichtet, gahr gekocht. Dann läßet man die Suppe klähren; putzet die Enten unter der Zeit mit warmem Wasser ab und setzet sie zugedeckt bei Seite.

Dann läßet man eine große Partie Zucker= wurzeln gahr kochen, thut ein gut Theil Kastanien und Murcheln, etwas Semmel und Muskaten= blüthe daran.

Wenn diese zusammen gut durchgekocht, so kann man — wenn man will — die Enten auch noch mit durchkochen lassen. Man kann auch, wenn man will, die Zuckerwurzeln durchziehen.

132. Gespickte Enten mit Kapern.

Mache die Enten rein, haue die Flügel und den Hals ab, stecke die Spitzen von den Keulen ein, spicke sie mit grob geschnittenem Speck, be= streue sie mit Mehl, lege sie in brathende Butter, laße sie darin braun werden; thue sie dann in einen Tiegel, gieß eine gute Fleischbrühe dazu und laß sie kochen; dann thu dazu Zitronen= schaalen, ganze Zwiebeln, gekochte Wurzeln, Champignons, Kapern, Muskatenblumen, Pfeffer, etliche Gewürznelken und fast zuletzt in Butter braun gemachtes Mehl; laß das zusammen kochen. Auf diese Art kann man auch Tauben oder wilde Enten zurichten.

133. Angeschlagene Enten.

Man nimmt die Enten, wenn sie rein sind, und hacket ihnen den Hals bis an die Brust ab, nebst den Flügeln. Dann schneidet man den Rücken auf bis an den Stütz und ziehet die Haut ab, daß die Keulen nebst den Flügeln hangen bleiben. Dann löset man das Fleisch ab bis auf die Keulen, die müssen ganz bleiben. Dann nimmt man auf ein paar Enten ein Pfd. Kalbfleisch und schabet es, daß keine Fasern darunter bleiben, und hacket es mit dem abgelösten Entenfleisch, auch hacket man $1/_4$ Pfd. Rinder-Nieren-Talg mit. Alsdann nimmt man $1/_4$ Pfd. abge-schmolzene Butter, 4 Eyer, Muskaten-Blüthe, abgeriebne Zitronen-Schaale, und macht von all diesem einen Teig, so steif wie ein Kloß-Teig, dann schläget man diesen in die Enten-Haut und nähet den Rücken wieder zu. Darauf nimmt man einen Schmohrtopf, schneidet ein paar Zwiebeln darin, Scheiben Speck, Lorbeer-Blätter, Zitronen-Scheiben, legt auch die ausgelösten Knochen dazu und die Enten, dann gießet man Fleisch-Brühe darauf, daß sie gahr schmohren.

Zur Sooße nimmt man Pistazien, abgebrühte und gepuzte Trüffeln, auch abgekochte Murcheln, welche klein gehackt und in Butter gebrathen werden, Sar-dellen und Zitronen-Schaale. Dieses läßt man mit der Brühe aufkochen und gießet es über die Enten.

134. Eine Puthe in Gellée.

Wenn die Puthe rein, bindet man sie in ein reines Tuch und kocht sie gahr in Wasser, etwas Salz, Zwiebeln, Lorbeer-Blätter, Ingwer. Dann nimmt man sie heraus und läßt sie kalt werden. Man macht einen Gallert darüber von 1 Pfd. geraspeltem Hirschhorn und 4 klein gehackten Kälberfüßen; dieß läßet man 3 Stunden kochen, bis es kurz einkochet. Dann gießet man es durch eine Serviette, worauf es in eine Kastrolle gethan wird nebst ½ quart Franz-Wein, ½ Pfd. Zucker, von einer Zitrone den Saft und die Schaale, ½ Loth Zimmt und etwas Nelken. Dieses zusammen läßt man etwas einkochen. Dann schlägt man 4 Weiß vom Ey zu Schaum und läßt es mit aufkochen. Dann gießt man es durch einen Filtrir-Hut oder Serviette. Dann ist es fertig.

Man kann auch einige Tropfen Essig darunter gießen. Dann thut man etwas Gellée in eine Form, läßet es kalt werden, leget einige Zitronen-Scheiben darauf, dann die Puthe und zuletzt das übrige Gellée.

Wenn es nun kalt, stülpet man die Form auf eine Schüssel, leget ein heißes Tuch auf die Form, dann läßet es loß. Soll das Gellée roth sein, so leget man bloß ein Stückchen rothen Flohr darin, wenn es warm ist, und wirft solchen wieder heraus.

135. Eine gebrathene Puthe oder Auer-hahn mit Austern.

Die Puthe (Auerhahn) oder an deren statt Kapaunen werden gebrathen, aber nicht braun, sondern daß sie weißlich bleiben. Man kann selbige auch vorher mit Papier bewinden, so aber mit Butter beschmieret werden muß, oder auch mit einem feinen Tuch, welches selbiges besser ist. Wenn sie genug gebrathen, macht man selbiges ab und legt sie in eine Schüssel. Unterdessen hat man den Überguß fertig gemacht, welcher darin besteht: Man nimmt nach Größe der Gesell-schaft 50 auch 100 Stück Austern, macht solche aus den Schaalen, thut sie in einen irdenen Tiegel, gießet darauf ein Mäßel Wein, oder auch nach Beschaffenheit mehr, dazu $\frac{1}{2}$ Pfd. Butter, $\frac{1}{4}$ Loth Muskatenblume, für 6 Pf. geriebenen Zwie-back, etwas länglich geschnittene Zitronen-Schaalen. Setzet selbiges auf ein Kohlfeuer, sonst werden die Austern hart. Zucker thut man nach belieben daran, jedoch nicht zu viel, und wenn man es aufgeben will, so drückt man von 2 bis 3 Zit-ronen den Saft daran, und giebt es sogleich zu Tische. Die Sooße muß sehr dick sein, man kann, wenn es von 6 Pf. Zwieback nicht dick genug ist, mehr nehmen.

Soohßen.

136. Soohße über gebrathene Puthen oder Enten.

Man setzet halb Waſſer, halb Wein bey. Unterdeſſen macht man in Butter Braun=Mehl, und thut ſolches nebſt guten Kaſtanien, ſo vorher wohl geputzet und gekocht ſeyn, nebſt etwas Kapern und vielen Zitronen=Scheiben, auch etwas Muskaten=Nus aufs Feuer; läßet dieſes wohl durchkochen, jedoch ſo, daß die Kaſtanien nicht von einander fallen, worauf man ſolches über die Puthe gießet.

137. Noch eine Soohße.

Man machet Braun=Mehl in Butter, gießet dazu eine Fleiſchbrühe, thut dazu gut eingemachte Champignons und Murcheln, Zitronen=

Scheiben, deßgleichen Zucker und Muskaten-Nuß; läßet selbiges wohl durchkochen und gießet es über das Gebrathene.

138. Soße über gebrathne Enten.

Man setzet halb Wasser und halb Wein bey, macht in Butter Braun-Mehl, thut dieses nebst Kastanien, Kapern, vielen Zitronen-Scheiben, Muskaten-Nuß zusammen, läßet es wohl durchkochen und gießet es über die Enten.

139. Butter-Soße.

¼ quart Butter, 2 Löffel voll Mehl, werden zusammen geknetet; wenn dieß auf dem Feuer zergangen ist, wird Fleisch-Brühe daran gegossen und zuletzt mit einigen Eyern, die mit etwas Sahne klahr gerühret, abgewellet.

140. Eine sehr schöne Sardellen-Soße.

Ein halber Eßlöffel voll Mehl wird in einer Kastrolle oder einem Tiegel klahr gerührt mit ein wenig kalt Wasser; dann thut man dazu 3 Eyer-Dotter; nun hat man fürhero von 3 Sardellen das Weiße abgeschabet, sie von einander gemacht und etwa eine Viertelstunde ins Wasser gelegt. Wenn nun die Gräthen ausgemachet,

so hacket man sie fein, nimmt ein Stück Butter
dazu und bringet sie mit einem Messer unter die
Sardellen, wozu man das Messer flach nimmt
und sie auf das Brett einige mal durchstreichet;
dann thut man sie zu den Eyern und gießet die
Fleischbrühe dazu und läßet sie unter beständigem
Rühren kochen. Ein Stück Butter machet man
auch noch fürhero dazu, denn es ist wohl zu
merken, daß die Sooße etwas fett steigen muß.
Wenn man sie nun gekocht hat, thut man ein
wenig Zitronensaft und Zucker dazu, doch so,
daß beides den Geschmack von den Sardellen
nicht übelnimmt, sondern nur wenig zu schmecken
ist. Auf 2 junge Hühner oder 2 Kapaunen ist
dieser Sooße genung. Womit sie auch am besten
schmecket.

141. Eine Sooße zum Rindfleisch.

Machet Braun-Mehl, aber nicht zu braun,
schneidet Azca-Gurken*) rein, so auch von dem
Essig und Zubehör dazu, und gießet dann etwas
Fleischbrühe darunter.

142. Cahor Sooße.

Man nimmt beynahe ein quart Cahor,**) ohngefähr so viel Wasser wie man Cahor zurück-

*) Eingemachte Gurken.
**) Cahor — ein Wein.

läßet, etwas Zimmt, Cardemums und Zitronen=
ſcheiben, und mit 10 bis 12 Gelb vom Ey wird
ſie abgewellet.

143. Sooße über Asperges.*)

Ohngefähr in ein Vierthel Pfd. Butter knetet
man einen Löffel voll Mehl, dann rühret man das
Gelbe von 6 Eyern hinzu, gießet von der Asperges-
Brühe hinzu, etwas Zucker und ſoviel Zitronen=
Saft, daß es ſäuerlich wird. Dieß wird kalt auf=
geſetzt und ſolange gerühret, bis es anfängt zu
kochen, dann vom Feuer genommen und nicht
zu heiß über den Spargel gegoßen, ſonſt ſetzet
ſie eine Haut, welches häßlich. Die Sooße muß
etwas dick ſeyn.

144. Wild=Schweinskopf=Sooße.

Man nimmt einige Sardellen, Kapern, Scha=
lotten oder Schnittlauch, hacket dieß ganz klein,
drauf werden zwey hart gekochte Eyer=Dotter
klein gedrückt und recht klahr darunter gerührt,
darauf nimmt man Senf, Provencer=Öhl, Fleiſch=
Brühe, Eſſig und etwas Zucker, und dieß wird
alles klahr gerührt, ſo iſt ſie fertig. Dieſe Sooße
ſchmecket auch ſehr gut zu einem kalten Schweins=
Schinken.

---

*) Spargel.

145. Sauerampfer-Sooße.

Ich koche den langen Sauerampfer in kräftiger Fleisch-Brühe, thue Butter und etwas geriebene Semmel daran. Beim Anrichten welle ich es mit drei oder vier Eyer-Dottern ab, verstehet sich, man nimmt nur soviel Sauerampfer, daß sich die Sooße von Sauerampfer unterscheidet und nur eine angenehme Säure daraus wird.

146. Eine Holländische Sooße.

Dazu wird ein Stück Butter so wie eine Wallnuß groß genommen und zu Schaum geschlagen, dann mit ein wenig Mehl zusammen gerührt und 5 Eyer drann geschlagen und stark gerühret; dann mit Zucker und Essig zusammen übers Feuer gesetzt; es muß aber unaufhörlich gerühret werden bis es fertig ist.

147. Meerrettig-Sooße zu blau gesottenen Karpen.

Der rohe Meerrettig wird gerieben, allmählich Sahne darunter gerühret. Zucker nach gutdünken, und zuletzt Wein-Essig, man darf nicht zuviel Meerrettig nehmen, weil er sehr quillt.

148. Sardellen-Sooße.

Man nimmt ein gut Stück Butter, lässet darinnen ohngefähr einen Löffel voll Mehl gahr werden, worauf die Sardellen, oder Hering, nachdem sie etwas gewässert, recht fein gehackt, nebst fein gehackten Chalotten darunter gethan werden. Wenn dieß gahr ist, wird etwas Brühe oder Wasser daran gegossen und Zitronen-Saft und ein unmerkliches Zucker daran gethan.

Zuletzt wird sie mit einem Ey abgewellt und etwas Muskaten-Blüthe daran gethan.

149. Hering-Soße zum Rindfleisch.

Sie wird ganz wie die vorhergehende Soße gemacht, bis auf die Zitronen, den Zucker und die Muskaten-Blüthen, welche wegbleiben.

150. Senf-Soße zum Rindfleisch.

Man macht Braun-Mehl, gießet Fleischbrühe daran, Essig, Zucker und Senf.

151. Weiße Senf-Soße zu Zander.

Man nimmt Butter und Mehl, läßet es ganz weiß gahr werden; darauf nimmt man weiße Senfkörner und läßet selbige in der Apotheke stoßen, und die werden hinzu gethan, und dann Essig und Zucker und noch ein groß Stück Butter.

Das Mehl kann auch ganz wegbleiben.

152. Paſtete von jungen Hühnern.

3 bis vier Stück Hühner werden in Stücke geſchnitten, 12 Loth Butter, von einer Zitrone die Schaale, das Saure ſcheibig geſchnitten und Lorbeer-Blätter. Dann werden ſie gahr geſchmohrt, ein wenig Muskaten-Blüthe, ein dito Nelken, zuletzt etwas wenig Wein-Eſſig. Dann wird es in eine Schüſſel gethan nebſt kleinen Semmel-Klößen, Krebs-Schwänzen, abgekochten Murcheln, Piſtazien, Trüffeln und Champigons. Dann macht man von Butter-Teig 2 Deckels, der eine wird bunt ausgeſchnitten und wird oben auf die Paſtete gelegt, und der andre unten. Drauf wird ſie in den Ofen geſchoben, wo ſie gahr gemacht wird. Dann ſchneidet man die Paſtete oben auf, und macht eine Sooße von der zurückgebliebenen Brühe, wo die Hühner in gekocht· haben, dann nimmt man gehackte Sardellen, Zitronen-Saft und zu-letzt wellet man die Sooße mit Gelb vom Ey ab und gießet ſie oben in die Paſtete, wo das Deckelchen nachher wieder drauf kömmt.

153. Eine Paſtete von Ochſenzungen mit Butterteig.

Man kochet 2 Ochſen-Zungen recht mürbe, ziehet ihnen nachher die Haut ab, und ſchneidet ſie in Scheiben; einige hiervon, nehmlich die

vorderſten hacket man mit etwas rohem geräucherten
Schinken ganz klein. In dieſe gehackte Maſſe
thut man etwas Nelken, von einer ganzen Zitrone
die Schaale recht fein geſchnitten, von einer
halben den Saft. Hierauf machet man von 2
ganzen Eyern ein Rührey, nimt ohngefähr ½ Pfd.
Butter, rühret ſie zu Sahne, thut die Maſſe dazu nebſt 2 Eyer-Dottern, etwas Semmel und
eben ſoviel geriebenem Roggen-Brod, auch etwas
Zucker. Wenn nun dieſes alles tüchtig untereinander gerührt iſt, ſo machet man davon kleine
Klößchen, ſo in der Brühe der Ochſenzungen
gahr gekocht werden, wenn vorher das Fett davon
abgenommen iſt. Nun leget man die Scheiben
von der Ochſen-Zunge nebſt den Klößchen, ab-
gepußte Trüffeln, einige Zitronen-Scheiben in
eine zinnerne Schüſſel, gießet ein wenig Wein
darauf, machet einen Deckel von Butterteig darüber
und ſchicket es nach dem Ofen.

Zur Sooße nimt man dazu:

Ein wenig Mehl, in Butter gelbbraun gemacht, worunter etwas Chalotten; hierzu gießet
man 3 Theile von der Suppe, worin die Klöße
gekocht und 1 Theil Wein, drücket den Saft von
einer Zitrone dazu und von einer halben die
Schaale abgerieben; etwas geſtoßene Nelken,

und dann läßet man sie tüchtig mit dem letzten
Theil Trüffeln durchkochen, schneidet oben die
Paſtete auf, und gießet die Sooße hinein.

Man gebraucht hierzu ¼ Pfd. Trüffeln,
welche etwas gekocht, abgeputzt und in 2 Theile
müſſen genommen werden. Unter dem Abputzen
verſtehet man, daß der Rand, den ſie rundherum
haben, fein muß abgeſchnitten werden.

154. Kleine Paſteten.

Es wird ein mittelmäßiger Hecht genommen,
dieſen ſchuppet man, reißt ihn auf und ſchneidet
von jedet Hälfte ſchmale, ſchwachgeſchnittene
Stücke. Dieſe werden ein wenig mit Salz be-
ſprenget. Nach einer kurzen Zeit drücket man
ſolches rein ab, nimmt ½ Pfd. Butter, ſchmelzet
ſie etwas und thut ſie auf die Schüſſel; dazu
etwas wenig Semmel, Muskaten-Blüthe, fein
geſchnittene Zitronen-Schaalen und etwas fein
gehackte Chalotten. Nun leget man den Hecht
lagenweiſe darein, einige Stücke behält man davon zurück, woraus man die Gräthen nimmt
und den Fiſch ganz fein hacket. Dann wird ein
gut Stück Butter genommen und 3 Eyer. Hiervon werden Klöße gemacht, in Waſſer etwas
geſalzen, abgekocht. Die Klöße werden nebſt
einigen Zitronen-Scheiben über die Fiſche geleget.

Dann nimmt man von dem Nr. 57 beschriebenen Butterteig, legt davon doppelt einen Rand um die Schüssel, zum Deckel oben darüber kömmt er aber nur einfach; nun kömmt es in den Back-Ofen. Zur Sooße darüber nimmt man die Brühe von den abgekochten Klößen, ein Stück Butter, einige fein gehackte Sardellen, etwas Muskaten-blüthe, den Saft einer Zitrone und etwas ge-riebene Semmel. Wenn dieß gut zusammen ge-kocht und die Pastete auf den Tisch soll, wird der Deckel aufgeschnitten und die Sooße darüber gegossen.

155. Kleine Pasteten zu backen.

Zum Teig nimmt man ½ Pfd. Butter, wozu die Winter-Butter die beste. Diese knetet man mit der Hand tüchtig, so daß sie ganz zäh wird und leget sie die Nacht in das Wasser. Dann schläget man in einen Hafen recht fein ausge-trocknetes Mehl, 1 ganzes Ey und von 1 Ey das Gelbe, nimmt dazu eine Thee-Schaale voll Milch, etwas gestoßenen Zucker, ohngefähr wie zu einer Tasse Kaffee und von der ausgewaschenen Butter ohngefähr den 3ten Theil. Solches hacket man mit einem Messer unter die Eyer und das Mehl recht fein, und arbeitet solches mit der Hand so unter einander, daß es ein Zieh-Teig wird; jedoch muß er nicht zu hart werden

7

und so zähe, daß er sich wie ein Stück ziehen
läßet. Wenn dann die Butter fürhero tüchtig
abgetrocknet und der Teig etwa eine Vierthel=
stunde hingeleget ist, daß er von dem Arbeiten
mit der Hand kalt geworden, machet man ihn
breit, leget die Butter darein und schläget den
Teig viereckig darüber; nur muß man sich hüten,
daß kein Mehl mehr unter den Teig kommt,
sondern solches mit Federn immer rein abwischen,
auch muß er sich ja nicht an den Tisch oder
Kelle ansetzen, denn bei dem geringsten Loch, so
etwa darin gerissen wird, wird schon der Teig
nicht blätterich. Wenn er nun das erste mal, da
er viereckig um die Butter geschlagen, tüchtig
ausgenudelt und das Mehl rein abgestäubet,
suchet man sich die Seite aus, wo die Butter
am ersten durchscheinet und schläget den Teig in
der Länge zusammen, so daß solche in die Mitte
kommt, bestreuet sich das Brett und die Kolbe
wieder mit Mehl, damit alles recht trocken ist,
welches auch immer geschehen muß, sobald sich
der Teig anzusetzen scheinet. Nur muß man
solches immer wieder abstäuben. Nun schläget
man den Teig noch einmal in der Länge wieder
zusammen und mangelt ihn wie einen Messer=
rücken dick aus. Dann sticht man ihn mit einer
kleinen Theeschaale ab und schneidet ihn aus. Es
werden immer 2 Blätter und zwar die oberste

Seite auf einander geleget, wenn man ihn für=
hero mit dem Boden der Theeschaale abgezeichnet
und ausgeschnitten hat, welche Fleckchen dann
die Deckel auf den Pasteten werden. Nun leget
man sie auf einen Bogen Papier und läßet sie
auf ein Blech bey sehr gelindem Feuer etwa eine
vierthel Stunde backen. Dann nimmt man sie
heraus; wenn man es aber für nöthig findet,
wenn sie nehmlich noch etwas weich, so setzet man
sie wieder ein und läßet sie noch etwas trocknen.
Wenn man sie, ehe sie in den Ofen kommen, mit
Gelb vom Ey bestreichet, muß solches ja in der
Mitte geschehen, damit es nicht an der Seite
herunterläuft. Nun läßet man sie so lange stehen,
bis daß sie auf den Tisch kommen sollen, und
werden dieses 28 bis 30 Pasteten.

156. Kleine Pasteten zu backen.

Wenn man kalten Kälber=Brathen hat, so
nimmt man von dem Fleisch aus der Keule, und
hacket selbiges ganz klein, — thut nach Gutdünken
ein Stück Butter in einen Tiegel, und wenn
selbige geschmolzen, schüttet man den Brathen
dazu, — ingleichen klein geschnittene Zitronen=
Schaalen und Kapern, auch wohl, wer es leiden
kann, etwas kleine Rosinen, so aber wohl ge=
waschen sein müssen; gießt dazu ein Glaß Wein,

7*

und thut ein wenig Muskat-Nuß oder ein paar
Körnchen Kardamums daran, läßet es mit ein=
ander wohl durchkochen, dann quirlet man einige
Gelb von den Eyern mit einem Löffel voll weißen
Wein und thut es nebst etwas Zucker zu dem
klein gehackten Brathen, nimmt es sogleich vom
Feuer, und rührt es öfters um.

Unterdessen macht man Butter-Teig. — Man
nimmt ein Ey, quirlet selbiges in einer Schüssel,
mit ¼ quart kochendem Wasser, rühret so viel
Mehl, ohngefähr ½ Pfd. darin, und dann schüttet
man es auseinander, unter den Teig, dermal,
daß er nicht anklebet, und leget auf die Hälfte
vom Teig ein halb Pfund Butter, so einige
Stunden im Wasser gelegen und gut abgetrocknet
ist, schläget die andere Hälfte vom Teige über
die Butter, und rollt es 5—6 mal sachte aus=
einander, es muß aber allezeit ein wenig Mehl
darunter gestreut werden. — Wenn er nun so
weit fertig, so rollt man den Teig ganz dünn,
und schneidet solche Stück ab, wo man das
Förmchen inwendig mit bedecken kann, leget
alsdann von dem gehackten Fleisch etwas da=
rin; — wenn man will, kann man auf einige
auch eine halbe ausgewaschene Sardelle oder
Auster legen, alsdann einen dünnen Teig da=
rüber machen. Der Seiten-Teig, wie auch der
oben drüber ist, wird mit Gelb von Eyern über=

ſtrichen, als dann ſchicket man ſolchen nach dem
Ofen, oder backet ihn auch in einer Torten=
pfanne.

Solche Paſteten müſſen aber warm gegeſſen
werden.

157. Ein Leber=Budding mit einer pikanten Sooße.

Die Kälberleber wird gekocht, doch ſo, daß
ſie nicht zu drell wird. Dann reibet man ſie auf
einem Reibeiſen, nimmt ein gutes Stück Butter,
reibet ſie zur Sahne, thut dazu 3 bis 4 Eyer,
etwa für 6 Dreyer Weißbrod, etwas Zucker und
Muskatenblüthe. Dann rühret man die Leber
darunter, ſchmieret eine Form mit Butter aus
und läßet ſie ſo backen. Auch kann man ſie in
einer Serviette kochen und eine holländiſche Sooße
darüber machen. Zur pikanten Sooße darüber
nimmt man: Ein Stück Butter, läßet ſolche
braun werden, thut dazu etwas Mehl; und
wenn dieſes braun genug iſt, gießet man gute
Rinder=Brühe dazu, drückt etwas Zitronen=Saft
daran, doch ja nicht viel; desgleichen auch ein
Stück Zucker. Nun hat man in einen Topf
einige klein gehackte Chalotten nebſt etwas Jokoe=
boll gekocht, wovon man zu der Sooße gießet,
nachdem man ſie viel oder wenig pikant haben
will. Es muß ſehr wenig Mehl in die Butter

genommen werden, weil die Sooße sonst pampig
wird, und muß solche eher klahr aussehen. Man
kann auch sogleich ein Stück Zucker in die Butter
thun, so siehet die Sooße noch klahrer und
brauner aus.

158. Budding von Stockfisch.

2 Pfd. Stockfisch werden, wie gewöhnlich,
bereitet; das heißt, er wird mit Wasser am Feuer
gesetzt und darf bloß ziehen; wenn man fürchtet,
er könnte wohl anfangen zu kochen, wird er ab=
genommen, und in einen Durchschlag gethan, da=
mit das Wasser abläuft. Dann wird ein halb
Pfd. Butter zur Sahne gerührt, 8 gelb vom Ey
dazu geschlagen, ½ Pfd. geriebenen Zwieback,
etwas Chalotten, Pfeffer, Muskaten=Blüthe und
Salz. — Dann wird der Stockfisch gehackt dazu
gethan und ganz zuletzt nur wird das Weiße
von den 8 Eyern zu steifem Schaum geschlagen,
darunter gethan; dann wird alles in einer mit
Butter geschmierten Serviette 1½ Stunde ge=
kocht, oder auch in einer Form gebacken. Die
Sooße dazu wird von Fleischbrühe, gelb vom Ey,
etwas Mehl in Butter geknetet, Chalotten und
Pfeffer gemacht.

159. Eine Erdäpfel=Speise oder Budding.

Man nimmt ein gutes Stück Butter, rührt
solche zur Sahne, nimmt ohngefähr 8 bis 10 mittel=

mäßige gekochte Erdäpfel, reibet solche au fein Reib-
eisen oder man thut sie auch warm zu der Butter
und reibet sie mit einer Kolbe tüchtig. Dann
nimmt man 10 Eyer, rührt solche nach und nach
dazu, immer 1 oder 2, und rührt ab tüchtig, bis
sie alle sind, auch hernach noch eine Weile. Es
muß ein gutes Stück Zucker dazu genommen
werden und kann man solchen im Anfange gleich
unter die Erdäpfel reiben. Man kann auch das
Weiße von den Eyern zu Schaum schlagen und
zuletzt dazu thun wie es beliebt. Die Form wird
wie gewöhnlich mit Butter ausgeschmiert und
etwas scharf gebacken. Man kann braune Butter
oder auch eine Johannesbeer-Sooße dazu nehmen.

160. Einen Sahn-Budding zu machen.

Man nimmt 16 Eyer, quirlt sie in einen Topf,
thut dazu Salz und Zucker nach Gutdünken und
1 quart Sahne; dann nimmt man ein etwas
starkes Tuch, taucht es in kaltes Wasser, wringt
es rein aus, legt es in eine tiefe Schüssel und
bestreut es mit Mehl. Dann gießt man den Teig
in das Tuch, bindet es geschwind zu und legt
es in einen Kessel mit Wasser, so während der
Zeit kochen muß; darin muß er beynahe 2 Stunden
kochen. Zur Sooße kann man eine mit rothen
Wein oder von Sahne nehmen, wozu man
1½ Vierthel gebraucht.

161. Aepfel-Budding.

Man nimmt 12 Aepfel, kochet sie, und reibet sie durch den Durchschlag, rühret ½ Pfd. Butter zu Sahne, schläget 9 ganze Eyer, dazu ½ Pfd. Zucker, und die Rinde einer Zitrone. — Es muß nur ¼ Stunde backen. —

NB. Ich meinerseits würde das Weiß vom Ey zu Schaum darunter schlagen.

162. Mandel-Budding.

½ Pfd. Mandeln werden abgebrüht, mit Orangen-Wasser gestoßen, von einer Zitrone die Schaale, Zucker nach Geschmack, — 1 Pfd. frische Butter wird abgeschmolzen, und wenn sie kalt, schlägt man 8 Eyer dazu, doch nur von 4 das Weiße, — alsdann backet man sie ab.

163. Reis-Budding mit Aepfeln.

Man kocht 4 Loth Reis in Wasser ab, leget diesen alsdann zerstreut in ein Sieb, daß er trocknet. Dann kocht man beinah ein Maaß Flott — — (dieß muß Sahne oder Milch heißen) mit Zucker, Zimmt und Muskaten-Blüthe, dann nimmt man das Gewürtz wieder heraus, und ein Stück Butter daran, dieß kocht, bis es dick ist. — (Ich meiner-seits verstehe, der Reis muß wieder mit kochen, denn sonst wüßte ich nicht, wovon es dick werden follte.) Dann ſchält man Aepfel, nimmt die Körner heraus und ſtellet ſie in eine tiefe Form, dann ſchneidet man 1 Loth eingemachte Orangen= und Zitronen=Schaalen in Scheiben, und legt ſie auf die Aepfel, — wenn das Uebrige kalt iſt, wird es darüber gegoſſen und alsdann gebacken.

164. Herzog von Bukingham's Budding.

1 Pfd Roſinen, woraus man die Kerne nehmen muß, 1 Pfd. Rinderfett, ſehr fein geſchnitten, 5 Löffel Mehl, eine geriebene Muskaten=Nuß — 10 Eyer, von 5 das Weiße 1 Löffel voll Zucker, etwas Salz. Dieß zuſammen bindet man feſt in ein Tuch und läßt es 4 Stunden kochen. —

165. Schrewsbury=Kuchen.

1 Pfd. fein Mehl, $\frac{1}{4}$ Pfd. Zucker und $\frac{1}{4}$ Pfd. Butter. Dieß machet man mit einem Ey naß, mangelt es, und ſchneidet es zu der Form, die es haben ſoll, und läßt es dann $\frac{1}{4}$ Stunde ge= linde backen.

This Budding is English fashion.

166. Budding von Kirſchen.

Nimm Kirſchen, mache die Körner aus, thu Wein, Zucker, Zitronen=Schaale und Zimmt daran, laſſe ſie kurz einkochen. — Dann weiche Semmel in Milch ein, dann die Schaale einer halben Zitrone, Zucker, Muskaten-Blüthen. — Nun drückt man die Semmeln aus, treibet ſie durch einen Durchſchlag. — Nachdem ein Stück Butter zu Sahne gerühret iſt, 12 Eyer-Dotter allmählich zugeſchlagen, wird die Maſſe hinzu gerührt. Das Weiße zu Schnee, hernach weiche geröſtete Semmel-Scheiben in den Schnee eintauchen, auch welche in Pontac; ſchmiere die Pfanne mit Butter aus, die Semmel darin gelegt, die Maſſe darüber gegoſſen, und gut gebacken. —

167. Aepfel-Budding oder lieber „Mehlſpeiſe.“

Man kocht die Aepfel ein wenig, und läßt die Butter zergehn; und wenn ſie ſteif iſt 12 Eyer-Dotter, das Weiße zu Schnee. Wenn die Aepfel kalt ſind, eingeweichte Semmel, Zucker, Zitronen, Cardamums dazu gethan, und in einem Rand gebacken.

168. Mehlſpeiſe von Parmeſan-Käſe.

Dazu nimmt man — auf einen mittelmäßigen großen Tiſch gerechnet — $^3/_4$ Pfd. Parmeſankäſe, $^3/_4$ quart Sahne, 4 ganze Eyer, 2 Pfd. Schinken oder anderes derbes geräuchertes Schweinefleiſch

und ³/₄ Pfd. Makronen. Die Makronen werden
zerbrochen und gekocht, aber ja nicht zu weich,
dann auf eine Schüssel geschüttet, daß sie kalt
werden. Dann ebenfalls apart weichgekochten
Schinken schneidet man in kleine Stückchen. Dann
wird die Form mit Butter beschmieret und mit
geriebenem Parmesankäse bestreuet, und dann
Schinken und Makronen lagenweise eingelegt
und immer Käse dazwischen gestreuet. Von der
Sahne und den Eyern wird Guß gemacht und
darüber gegossen. Oben auf den Kuchen wird
ebenfalls Parmesankäse gestreuet und oben darauf
leget man etwas Butter, damit der Käse nicht
betrocknet. Es muß oben und unten Feuer gegeben werden und langsam backen.

169. Ein Blancmanger.

Man nimmt 3 Maaß Milch, kocht dieselbe
auf. Alsdann thut man 1 Pfd. Zucker dazu und
läßt sie nochmals aufkochen, nimmt man für
6 Pf. Hausenblase, welche vorhero gestoßen, klein
zerpflückt und in Brunnenwasser eingeweicht wird.
Wenn sie weich ist, thut man sie in die gekochte
Milch und streicht es durch ein Haarsieb ganz
rein durch, dann stößet man ¼ Pfd. halb süße,
halb bittere Mandeln ganz fein, streichet es nochmals durch ein Haarsieb, läßet es kalt werden
und nimmt die Haut davon ab.

170. Eine Speise mit gefüllten Plinsen.

Zu einer kleinen Portion für 6 oder 7 Personen
gehören 3 Plinsen. Zu diesen nimmt man 3 Eyer,
etwas Mehl, Zucker, Milch und Salz. Wenn sie
hellgelb gebacken sind, lege sie auf ein Brett und
laß sie kalt werden. Fülle sie mit Eingemachtem
von Himbeeren und Kirschen — lege sie zu=
sammen und schneide jede 3 mal von einander
und lege sie in eine mit Butter dick ausgeschmierte
Form; dann quirle 7 ganze Eyer, etwas Zucker
und Zimmt, ein wenig Mehl und ein halb Nößel*)
Milch; pflücke von $\frac{1}{8}$ Pfd. Butter Stückchen
und lege sie zwischen die Plinsen, gieße die Masse
darüber, dann gleich gebacken und dann mit
Zucker und Zimmt bestreut.

171. Eine sehr gute Mehlspeise von Tante Schreiber.

Von 18 Gelb vom Ey wird ein lockeres
Rührey mit einem knappen $\frac{1}{4}$ quart Butter ge=
macht. Dann kalt werden lassen und nach Gut=
dünken geriebener Zucker darunter gerühret nebst
dem Saft von 4—5 Zitronen, nachdem sie saftig
sind. Dann kostet man es, ob's pikant genug

---

*) Nößel (auch Nösel) früheres Flüssigkeitsmaaß in
manchen Landstrichen Deutschlands f. v. w. ein halbes
Liter.

ist. Der Schaum von 12 Weiß vom Ey wird drunter gerühret und gleich gebacken. Das gute Rühren ist die Hauptsache, es muß sehr gelinde gebacken werden.

NB. Die Form kann sehr mager mit Butter ausgeschmieret werden und wird mit Semmel bestreuet.

172. Eine Speise von Eingemachtem.

Man nimmt feinste Semmeln, schneidet sie so breit wie die Semmel in dünnen Scheiben, röstet diese bräunlich in Butter; wenn selbige kalt, so schmieret man Himbeer=Gelé darauf zu= letzt darüber eine kalte Johannisbeersooße ge= gossen. Ich habe die Johannisbeeren nur mit Weiß=Wein klahr gerühret; es war aber zu stark, und man würde müssen noch Wasser dazu nehmen.

173. Mehlspeise von Schokolade.

Man nimmt den gewöhnlichen Schwemm= klößchen= Teig, rühret nach Gutdünken Schokolade darunter und setzt ihn in eine mit Butter aus= geschmirten blechernen Form in den Ofen.

174. Mehl=Speise vom Wohlauer Koch.

8 Eyer, davon wird das Weiße zu einem derben Schaum geschlagen, dann das Gelbe da=

zu gethan; ohngefähr ein halbes Vierthel Pfd.
Zucker oder nach Gutdünken und ¼ Pfd. Mehl
zusammen gerühret und in einer ausgeschmierten
Form in einem nicht zu heißen Ofen gebacken.
Diese Speise kann 3 Tage und mehr im voraus
gebacken werden. Darauf wird sie wieder in die
Form gethan und 2 quart Milch oder Sahne
darauf gegossen und im Ofen gebacken. Auch
kann die Milch süße gemacht werden, wenn man
fürchtet, die Speise sei nicht süße genung. Und
dann eine Sahn= oder Wein=Sooße darüber, denn
die 2 quart Milch ziehen ganz ein. Es ist nicht
übel, wenn die Sooße vor dem Anrichten im
Ofen auf die Speise kömmt.

175. Einen Strudel oder eine Stritzel
zu machen von Butterteig.

Es wird solcher so dünn gemangelt als zu
den kleinen Pasteten und etwas oval, damit er
bei den Enden schmäler wird. Zum Füllen
nimmt man ¼ Pfd. Mandeln, auch können 5—6
bittere darunter seyn; sie werden gebrüht und
recht fein in einem Mörser gestoßen. Nun
schläget man nach und nach 4 bis 5 Eyer=Dotter,
wo von einem das Weiße mitgenommen wird,
thut etwas Zucker daran; und reibt nun die
Mandeln so lange bis sie etwas zu steigen an=

fangen und schaumartig werden. Nun schmieret
man sie mit einem Messer auf den Teig, wickelt
solchen, doch nicht zu fest auf, legt ihn schnecken=
artig aufs Papier und bestreicht ihn mit Gelb
vom Ey. Nun wird er bey gelinder Wärme auf
einer Platte gebacken. Die Sooße wird nach
Belieben genommen, etwa eine Wein=, Hanbutten=
oder Sahnen=Sooße.

176. Eine frische Kirschspeise in einer Form.

Man nimmt frische Kirschen, macht die Steine
heraus, thut etwas Wein, Zucker, Zimmt und
Zitronen=Schaale daran. Nimmt etwas Semmel,
weicht sie in Milch ein, drückt sie aus und treibt
sie durch einen Durchschlag. Dann reibt man
ein Stück Butter zu Sahne, dazu 8 Eyer=Dotter,
die Semmel, Kirschen und zuletzt das zu Schaum
geschlagene Weiße. Dann habe geröstete Semmel=
scheiben in Milch eingeweicht, thue solche in die
mit Butter beschmierte Form, gieße die Masse
drüber und lasse sie backen.

177. Hanbutten=Mehlspeise.

Auf ein reichliches quart Hanbutten nimmt
man um 1 Silbergroschen geriebene Semmel,
1 $\frac{1}{2}$ quart Sahne und 8 Eyer, etwas Zimmt

und Zucker nach Gutdünken und 2 Drittel
von ¼ quart Butter. Die Butter zu Sahne
gerühret, ein ganz Theil geriebenen Zucker
darunter gethan. Das tüchtig untereinander gerühret. Nun die 8 Eyer-Dotter dazu, den Zimmt
und die Semmel, dieses alles muß erstaunend
gut gerühret werden. Dann nimmt man die
Hanbutten, welche schon recht weich gekocht
sein müßen und so, daß keine Brühe darauf ist,
dann werden sie durch den Durchschlag getrieben
und zum Durchrühren immer von der Sahne
zugegossen. Wenn dieß so lange geschehen ist,
daß nur noch bloße Hülsen übrig sind, so wird
dieß in den oben erwähnten Teig gegossen, und
von 4 Eyern das Weiße, welches zu Schaum geschlagen ist, dazu gethan. Sollte die Masse so zu
dick seyn, so wird noch Sahne zugegossen, denn
diese Speise muß dünner als die Brodtmehlspeise
mit sauren Kirschen eingerühret werden. Dann
wird es in die Mehlspeisenform, welche dünn
mit Butter ausgeschmiert ist, gethan und bey
gelinden Feuer eine Stunde gebacken.

178. Die Graf Rödersche Mehlspeise.

½ Pfd. Mehl, 1 quart Sahne und nur etwas
Butter, wird bei immerwährendem Rühren auf
das Feuer gethan. Nachdem der Teig kühl aber

nicht kalt geworden, kommen 16 Gelb vom Ey und etwas Zucker dazu, und zuletzt der Schnee von 12 Weiß-Ey.

Dieß wird, so gelinde es sich thun läßet, mit nicht scharf gesalzener Butter zu Omelettes gebacken, in eine Form gelegt und zwischen jede Lage etwas von einer Masse gestrichen, wozu 4 bis 5 Zitronen, gegen ³/₄ Pfd. Zucker und von 2 Zitronen die Schaale abgerieben werden. Oben auf kömmt auch noch etwas von dem Gefüllten. Das Ganze wird bei keiner zu scharfen Hitze ¹/₂ oder ³/₄ Stunden in der Form gebacken.

179. Schleiß-Klöße.

Von Wasser, Mehl und Salz wird ein derber Teig gemacht; wenn dieser breit gemangelt ist, wird er mit Butter beschmieret und aufgerollt, ohngefähr wie ein Nagel breit in Stücke geschnitten, und dann in Wasser gahr gekocht. Wann sie angerichtet werden, kommen Zwiebeln und Butter darüber.

180. Chokoladen-Crème.

Auf ¹/₄ Pfd. Chokolade nimmt man 12 Eyer, 2 Eß-Löffel voll Zucker und 1 quart Sahne. Dieß wird unter beständigem Rühren, weil es leicht zusammenläuft, auf's Feuer gesetzet, bis es anfängt dick zu werden.

8

181. Eine Mohn-Mehlspeise.

Dazu backet man dünne Plinsen, füllet selbige
mit blauem Mohn, welcher mit Zucker und etwas
Sahne bereits zurecht gemacht ist, theilet sie, wenn
sie zusammengerollt sind, mitten durch, und leget
sie in eine Tortenform, aber nicht zu dicht neben
einander. Mache dann einen Guß darüber. Dazu
nimmt man ein quart Sahne oder auch gute
Milch, wellet selbige mit 5 oder 6 Eyern ab,
thut Zucker und Zimmt rein oder gestoßne Vanille, gießt dieß über die Plinsen und läßt sie so
zusammen backen.

182. Eine Brod-Mehlspeise.

Man nimmt ein groß Stück Butter, schlägt
selbige zu Schaum, thut dann von 8 Eyern das
Gelbe hinzu und schlägt selbiges gleichfalls zu
Schaum, thut dann ein gut Theil geriebne Semmel
und gestoßenen Zimmt hinzu, dann ein geriebnes
Bärmbrod und 4 Schock saure Kirschen, alsdann
auch das zurückbehaltene Weiß-Ey, welches zu
Schaum geschlagen ist; rühre dieß alles wohl
untereinander, thue es dann in eine Tortenform,
welche zuvor mit Butter ausgeschmiert und mit
geriebner Semmel bestreut ist; obendrauf kann
man von der obersten Brodkruste Sterne oder
andere Figuren ausschneiden, solche in Butter

rösten und die Mehlspeise damit auslegen. Sie muß eine gute Stunde Zeit haben zum backen, und damit sie oben nicht anbrennt, muß man obendrauf noch ein Stück Butter thun.

183. Erdäpfel-Mehlspeise.

Nimm Butter, rühre sie zu Schaum. Thue dann von 12 bis 15 Eyern das Gelbe hinzu; alsdann $1\frac{1}{2}$ Pfd. gekochte und geriebene Erdäpfel, rühre es wohl unter einander und dann $\frac{3}{4}$ Pfd. geriebenen Zucker und von einer Zitrone die Schaale hierzu.

184. Recept zum Krebs-Strudel.

2 Schock Krebse,

8 Eyer,

$\frac{1}{4}$ Pfd. Butter,

etwas Zimmt, Zucker, Zitronen-Schaale und Muskaten-Blüthe,

2 Pfd. Mehl,

eine halbe Semmel.

Es wird ein derber Teig gemacht; um dieses zu bewirken, nimm das Mehl, schlage die Eeyer daran, doch nur von 4ten das Weiße und dann die Butter, die aber erst mit den Krebs-Schaalen gekocht hat und dann durchgegossen ist. Dann kömmt noch untern Teig etwas Zucker, Zitronen-

ſchaalen und dann die Hefe; wenn der Teig gut
durcheinander gemangelt iſt, werden die klein=
gehackten Krebſe mit der geriebenen Semmel
und Zucker und Zimmt und Muskaten=Blüthe
eingeſtreut und der Kuchen zuſammen gerollt
und ſchneckenweiſe gelegt. Ehe er in den Ofen
kömmt mit Gelb vom Ey beſtreichen. Hierzu
ſchmeckt eine Hanbutten=Sooße am beſten.

185. Aepfel=Scheiben.

Die Aepfel werden in Scheiben geſchnitten
und in der Butter ein wenig überm Feuer ziehen
laſſen; ſodann in einen etwas derben Eierkuchen=
Teig gewälzt, und raſch in der Butter backen
laſſen; denn wenn ſie recht ſeyn, müſſen ſie
knurpeln. Man ſtreut Zucker und Zimmt darüber.

186. Arme Ritter.

Schneide Semmeln in Scheiben, ohngefähr
einen kleinen Finger dick und laſſe ſie in Milch
(oder rothen oder weißen Wein) weichen, doch
nicht zu ſehr, wälze ſie dann in Eierkuchen=Teig
und backe ſie in Butter; doch wenn ſie fertig
ſind, wird noch Zucker und Zimmt darüber ge=
ſtreut. Auch kann man in den Teig noch kleine
Roſinen thun.

187. Gefüllte kleine Griesstrudel.

Hierzu werden 2 Taſſen Gries in Milch ganz derb gekocht und kalt werden laſſen, dann thut man ein gut Stück Butter daran, insgleichen Zimmt und Zucker, auch wenn man will, Mandeln fein geſtoßen, 4 Gelb vom Ey und von 2 das Weiße zu Schaum geſchlagen. Wenn dieß alles gut durcheinander gerührt iſt, werden von einem vorher verfertigten Eierkuchenteig, aber nicht ſo derb muß er ſein, Plinſen gebacken und mit dem Gries gefüllet, gerollt, auf ein blechernes Blech gelegt, im Ofen gebacken und mit Zucker und Zimmt beſtreut. Auch pflegt man es mit Gelb vom Ey zu beſtreichen.

NB. Hierzu gehört eine Milch=Sooße oder Weinſooße. Auch eine Kirſch=Sooße kann man dazu nehmen.

188. Reis=Klöße an alte Hühner.

Man nimmt ein gut Maß=Töpfchen, auch wohl noch größer, nachdem man will, thut ſel= biges halb voll Reis, wäſchet ſelbigen, und gießet von dem Huhne, das man kochet, Brühe daran. Thue ein Stückchen Butter wie ein Hühner=Ey groß, daran, nebſt etwas Muskaten=Blüthen, und weißem Zucker, laſſe ſelbiges immer ſachte kochen, rühre es um, daß es nicht anbrennt, und ſetze es

ans Kohlfeuer. Wenn die Suppe ganz einge=
kocht, dann gießet man wieder ein paar Löffel
voll dazu, bis der Reis so ist, daß man ihn essen
kann; er muß aber nicht zergehen. Dann thut
man daran etwas kleine Rosinen, so vorher mit
Wasser gahr gekocht sind, wäscht selbige und
thut sie unter den Reis, nebst etwas klein ge=
schnittenen Zitronen=Schaalen. Unterdessen quirlet
man von 3 Eyern das Gelbe und gießet es all=
mählich unter den Reis, rühret es durcheinander,
nimmts alsdann vom Feuer und setzet es hin,
daß es kalt wird. Der Topf aber wird dichte
zugedeckt, und wenn man die Hühner=Potage
aufgiebt, woran Petersilien=Wurzel und Blum=
kohl seyn kann, so thut man mit einem silbernen
Löffel, welcher in der Suppe immer naß gemacht
werden muß, die Reis=Klöße aus dem Topf und
legt sie in die Suppe, sie müßen aber niemals
noch mitgekocht werden.

189. Die sehr gute Schaum=Mehlspeise.

Man nimmt auf eine kleine Schüssel 12 Eyer,
ohngefähr 6 Loth Zucker, und von $1\frac{1}{2}$ Zitronen
den Saft, von der halben ohngefähr die Schaale.
Die größte Hälfte des Zuckers nimmt man unter
das Gelb vom Ey, mit dem übrigen wird die
halbe Zitrone abgerieben und unter den Zitronen=

Saft gerührt. Zuletzt wird das Weiß vom Ey zu Schaum geschlagen, so derb, wie man ihn nur immer machen kann, und unter das Gelb von Ey und den Zucker gerührt. Alsdann wird dieß in 4 Eyerkuchen gebacken, doch nur auf einer Seite, und nur so lange als es nothwendig ist, um es ganz aus dem Tiegel zu bekommen. Auf der ungebackenen Seite wird nachher der Zitronen-Saft und Zucker geschmiert, und so einen Eyerkuchen über den andern. Die letzte Scheibe wird auf allen beiden Seiten gebacken.

190. Mehlspeise von Bisquit.

Man nimmt ohngefähr für 16 Pf. Bisquit, schneidet solches in Stücke, das heißet Scheiben, und trocknet es wie Zwieback, welches aber in gelinder Wärme geschehen muß. Alsdann belegt man eine Mehl-Speise-Form mit Papier, welches mit Butter bestrichen ist; dann hat man $\frac{1}{4}$ Pfd. Makronen, das heißet bittere, und die werden wechselweise mit dem Bisquit in die Form ein-rangiert, daß die Form voll wird. Alsdann nimmt man $1\frac{1}{2}$ quart Sahne, 15 Eyer, einen guten Löffel Mehl, etwas Salz und Zitronen-Schaale, dieß wird zusammen gequirlet, über das Back-werk gegossen und so in den Ofen, wo sie an $2\frac{1}{2}$ Stunden backen muß.

Die Sooße dazu kann Hanbuten-, Chokoladen-
oder Roth-Wein-Sooße seyn.

191. Ein großer Budding.

9 Ganze und 9 Gelb von Eyern werden in
einem Topf brav gequirlet, mit etwas Salz, von
einer Zitrone die Schaale, ein Nößel Milch,
¹/₂ Vierthel große und ¹/₂ Vierthel kleine Roßnen,
¹/₄ Pfd. Zucker und ¹/₂ Vierthel fein geschnittenen
Citronat, 1 Pfd. geriebene Semmel. Dieß alles
wird in die Milch gerührt. Dann hacket man
1 Pfd. Nierenfett recht klein und klopfet es mit
einer Mörser-Keule recht weich, salzet es beim
Hacken ein wenig und thut es nebst einer Handvoll Mehl zu dem übrigen, und rühret es wohl
durch. Dann beschmieret man eine Serviette mit
Butter, und gießet den Teig darinnen, bindet sie
zu und laßet es in Waffer oder Brühe, so schon
kocht und etwas gesalzen ist, kochen. Beym Anrichten besteckt man ihn mit klein geschnittenen
Citronat, es muß aber sehr warm mit einer dicken
Englischen Sooße gegessen werden. Die halbe
Portion ist auch genug.

192. Ein Reis-Budding.

Der Reis wird in Milch gahr gekocht, alsdann
nimmt man ein gut Stück Butter, 5 Eyer,

Semmel, und rühret dieß ab; dann wird der Reis dazu gethan nebst kleinen Rosinen, Mandeln, Zucker und Zimmt, und wird in einer Kastrolle gebacken.

Dazu beigehende Sooße:

Man nimmt ein Stück Butter, einen Löffel voll Mehl und 5 bis 6 Eyer=Dotter. Dieß wird zusammen gerühret nebst rothen Wein, Zitronen=Saft und Schaale und Zucker, und Wasser nicht zu vergessen. Diese Sooße wird unter beständigem Rühren über Feuer gehalten.

193. Sahnenklöße.

Zuerst wird ein halb quart Sahne mit ein wenig Mehl zusammen gerühret, so daß ein Teig wird, aber nicht so derb als der Eyerkuchenteig, dieses wird dann in die schon vorher am Feuer zerlassene Butter gegossen; wenn es kalt ist werden 6 bis 8 Eyer, eines nach dem andern, (denn jedes muß erst gerührt seyn, ehe das andre dran kommt) daran geschlagen und unaufhör=lich gerührt bis es sehr klahr wird, und kurtz vorm Anrichten werden sie eingelegt.

194. Erdäpfel Speise.

Man nimmt eine blecherne oder zinnerne Schüssel, und machet darauf einen Teig=Rand.

Nachdem nun die Schüssel gut mit Butter ge=
schmieret und mit Semmel ausgestreut ist, nimmt
man mit Sahne durchgerührte Erdäpfel, brathet
ein gut Theil Zwiebeln hellgelb in einem gut Stück
Butter, und mischt sie darunter. Dann thut man
eine Lage Erdäpfel in die Schüssel, auf selbige
eine Lage sehr mürbe gekochten, durchgewachsenen
Speck, so in längliche Stücken geschnitten wird.
Dann schneidet man einen Hering, nachdem er
vorher gut ausgewässert, in feine, längliche Stücke,
leget solche auf ein Blatt Papier gegen einander,
und so läßt man ihn in einem Tiegel in etwas
Butter aufbrathen; dann leget man es immer
wechselweise auf die Lage Erdäpfel. Oben
wieder Erdäpfel; und wann die glatt gemacht,
gießet man ein wenig Sahne darüber und hebet
mit einem Löffel die Erdäpfel auf, doch so, daß
sie nicht aus der Sahne kommen. Diese Speise
wird im Ofen gelblich gebacken.

195. Carlsbader=Mehlspeise.

Man nimmt ½ Pfd. Butter, wäschet solche
aus und läßt das Wasser rein ablaufen. Nun
wird sie zur Sahne gerieben und 8 Eyer, wo
von zweyen das Weiße zurück bleibt, darunter
gerühret. Dann rühret man nach und nach 6
gehäufte Löffel Mehl daran, rühret es zu=
sammen eine Weile und reibet ein paar Stücken

Zucker daran, ohngefähr wie man sie zum Kaffee braucht. Nun werden 2 quart Sahne oder gute Milch in einer Kastrolle oder Tiegel aufgesetzt; darinnen probieret man den Teig, ob er auch zu dick ist, denn er muß so dünn sein, daß er nur zusammen hält. Man thut daher wohl, wenn man nicht gleich alles Mehl dazu nimmt. Dann werden in die Milch 2 kleine Stücken Zucker geworfen, auch ein klein wenig Salz; drauf leget man mit einem silbernen Löffel längliche Stückchen etwa als ein Daum dick, in die Milch, und läßet es ½ bis ¾ Stunde kochen, nähmlich ganz sachte, so daß man nur immer bemerket, daß es kochet. Zuletzt schweift man die Schüssel, worin der Teig war, aus, mit etwas von der Milch, damit die Sooße recht dick wird. Nun werden die Stücke hübsch gerade auf die Schüssel gelegt, und dann nach der Sooße Zimmt und Zucker darüber. Rund herum belegt man die Schüssel mit Schaum von Weißey, welcher vorher in der Milch gahr gekocht ist. Das beste bei dieser Mehlspeise ist, daß sie nicht zuviel kochen darf, wenn gleich 1½ Stunde, und daß man sie zum voraus machen kann.

196. Petits Choux zu backen.

Man nimmt ½ Pfd. Mandeln, ½ Pfd. Zucker, ½ Pfd. Butter, 1 Pfd. Mehl, 1 quart

Milch, und für 6 Pf. bittere Mandeln. Wenn die
Milch in einer verzinnten Kastrolle kocht, werden
sämtliche Ingredenzien bis aufs Mehl hinzugethan,
wenn vorher die Mandeln mit Rosenwasser klein
gestoßen sind. Wenn dieß alles gekocht hat, nimmt
man es vom Feuer, thut das Mehl allmählich
hinein, so lange bis es sich von der Kastrolle ab-
löset, und setzet es wieder auf gelindes Feuer, daß
es nicht anbrennen kann. Unter der Zeit, bis der
Teig bald kalt ist, schlägt man 14 Eyer mit etwas Rosenwasser in einen Topf, quirlet es gut
und so allmählich unter den Teig, welcher damit
gut gerühret wird, beschmieret das Papier mit
Butter, und setzet mit einem Löffel Häufchen
darauf. Selbige läßet man im Ofen backen.

NB. Die Butter wird ausgewaschen.

197. Kuchen mit Kirschen.

22 Loth Butter, welche wohl ausgewaschen
und zu Schaum geschlagen wird, 4 Eyer, 2
ganze und 2 gelbe, 8 Loth Zucker, 30 Loth
Mehl, von einer Zitrone die Schaale, ein wenig
Cardamums. Von dem Teig werden runde
Kugeln gemacht, eingedrückt und etwas eingemachte Kirschen darauf gelegt, oder, wenn man
will, mit Mandeln bestochen. Dann werden sie
etwas auseinander auf Papier gelegt, welches

gut mit Mehl bestreut ist; und dann können sie
etwas im Ofen gebacken werden, aber bei gelindem
Feuer.

198. Birnen von Reis zu machen, so sehr gut.

Man nimmt ½ Pfd. Reis, kochet solchen
mit Wasser ab und gießet Milch darauf, welches
nach und nach geschiehet bis 3 quart eingekocht,
und zuletzt thut man ein wenig Butter, einige
Stücken Zucker so auf einer Zitrone abgerieben
und ein wenig Salz dazu. Der Reis muß nun sehr
dick gekocht seyn, und wird in eine Schüssel ge=
than, daß er kalt wird. Wie man nun die Birne
machen will, rühret man den Reis tüchtig unter
einander, damit er sich gut regieren läßt; nun
nimmt man ein Stück als ein kleines Hühnerey
in die Hand, machet in der mitten ein Loch, thut
darin ungefähr ein Stückchen Kirschfleisch als
eine halbe Nuß groß. Nun macht man die
Façon einer Birne daraus, zieht immer mit den
Fingern den Reis von unten herauf, so daß das
Kirschfleisch in dem Dicken zu liegen kommt und
die Birne oben spitzig wird. Nun bestreichet man
sie mit Gelb und Weiß vom Ey, bestreuet sie
tüchtig mit Weißbrod und läßet sie so in der
Butter abbacken.

199. Orangen-Crême.

Zu 20 Eyern 1 $1/2$ quart Milch und für 6 D.*)
Orangen-Waffer. Das Weiße von den 20 Eyern
wird zu Schaum geschlagen, alsdann wird der
Schaum in der Milch aufgekocht und dann die
Milch mit dem Gelb von den Eyern abgewellt.
Zucker wird nach Belieben genommen. Muß
gar nicht wieder auf das Feuer gesetzt werden,
sondern nur in die heiße Kastrolle wieder gegoffen und eine Weile gerühret. Wie nun der
Crême auf die Schüssel gegossen, so nimmt man
den Schaum, sticht mit einem silbernen Löffel
Stückchens aus und leget ihn rund um die
Schüssel. Will man ihn nun recht ausputzen,
macht man gebrannten Zucker und läßet ihn
schlänglich oder sonst wie du willst auf den Zucker
mit einem Löffel laufen.

200. Einen Strudel zu machen von Butterteig.

Der Teig wird breit gemangelt wie zu den
kleinen Paftetchen, nur etwas oval, damit der
Strudel an beiden Enden dünn wird. Zum
Füllen nimmt man etwa $1/4$ Pfd. Mandeln, brennet
und stößet sie recht fein. Nun schlägt man 4

---

*) D. — Dreier, alte preußische Kupfermünze, etwa
im Werthe von 3 Pf.

126

bis 5 Eyer-Dotter, wovon eines mit dem Weiß genommen wird, nach und nach dazu, wie auch etwas gestoßenen Zucker. Wenn sie alle unter die Mandeln gemengt, werden solche tüchtig damit gerühret. Wie sie dann steigen und ganz schaumartig werden, schmieret man sie mit einem Messer auf den Teig, wickelt solchen, doch nicht zu fest, auf und leget ihn rund auf ein Papier, und so wird er auf einer Platte gebacken. Die Sooße nimmt man nach Belieben; eine Hanbutten-, Wein- oder Sahnen-Sooße.

201. Ein Blancmanger.

Man nimmt 3 Maß Milch, kocht dieselben recht gut auf, thut alsdann 1 Pfd. Zucker drein und läßet es noch einmal aufkochen. Dann nimmt man für 6 Gr. Haufenblase, welche vorher gestoßen, klein gepflücket und in Brunnenwasser eingeweicht wird. Wenn sie weich ist, nimmt man sie aus dem Wasser heraus, thut sie in die gekochte Milch und streichet es durch ein Haarsieb ganz fein durch. Dann reibt man $1/4$ Pfd. bittere abgeschälte Mandeln auf einem Reibsteine nebst Milch ganz fein, streicht alles nochmals durch ein Haarsieb; läßet es kalt werden und nimmt zuletzt die Haut davon ab. Dann ist es fertig.

202. Fastenspeise, oder vielmehr Art von Blancmanger.

Man kocht gebackene, zur Sommerzeit frische saure Kirschen mit etwas Zimmt und Zitronen-Schaale; wenn die Kirschen ausgekocht, gießt man die Brühe in eine gut verzinnte Kastrolle, thut gehörig Zucker dazu und rühret alsdann Gries mit etwas Wasser an und kochet selbigen so dick wie ein Muß in dem Kirsch-Saft. Wenn der Gries gahr, füllet man selbiges in kleine gläserne Näppchen. Dann nimmt man sehr dicke, junge Sahne, schläget solche wie zum Gefrieren, thut den Schaum in ähnliche Becher, so fürhero mit etwas Milch angefeuchtet seyn, und so setzet man sie wechselweise auf die Schüssel. Hat man oben erwähnte Becher nicht, so nimmt man Schokoladen-Becher, nur mit dem Unterschiede, daß diese mit der Masse umgekehrt auf die Schüssel gesetzt werden und die bloße Masse stehen bleibt. Die Sahne wird dann erst mit fein gesiebetem Zucker und Zitronen-Schaalen etwas bestreuet.

203. Mehlspeise von Englischen Macaroni.

Die Macaroni werden erst in Wasser gahr gekocht, hernach durch einen Durchschlag gegossen;

dann nimm ein gut Stück Butter, laß sie auf=
laufen, thue die Macaroni darin und lasse sie
schwitzen, dann geriebenen Parmesan=Käse daran
gethan, und wieder schwitzen lassen; hernach auf
die Schüssel gethan, Prämschen Käse darüber ge=
streut, auch etwas Butter, hernach in den Ofen
gesetzt, daß es eine gelbliche Couleur bekömmt.

204. Gebackne Fleckel.

Man nimmt zwei Eyer und daraus wird ein
Teig gemacht wie zu Nudeln. Wenn der recht
dünne gemangelt ist, wird er in viereckigte Fleckel
geschnitten und die Fleckel gekocht. Alsdann
werden Aepfel scheibenweise geschnitten und in
Butter gebrathen; dann wird eine Form mit
Butter beschmiert und die Fleckel, wenn sie vorher
gut abgelaufen sind, lagenweise hinein gethan,
bald Fleckel, bald Aepfel und dazwischen etwas
Butter; und so gebacken. Dann oben drauf
Zucker und Zimmt gestreut. Auch klein gehackter
Schinken anstatt der Aepfel, oder ander gehacktes
Fleisch; doch bleibt in dem Fall Zucker und Zimmt
weg; es muß aber alles vorher aufgebrathen
werden.

205. Erdäpfel=Klöße.

Man kocht Erd=Aepfel, schälet sie und reibet
sie warm ganz klein, dann nimmt man ein Stück

9

Butter, Zucker und Muskaten-Blüthe, rühret allmählich drey ganze und drei Gelbe vom Ey
darunter, und zuletzt 1 oder zwei Löffel voll
Mehl.

206. Wein-Crême.

6 Eyer-Dotter werden in einen Tigel geschlagen,
ein gut Stück Zucker, eine Stange Zimmt, länglich geschnittene Zitronen-Schaalen von einer
ganzen Zitrone, von 2 den Saft, und weil der
Crême zu diesen Fällen muß sehr dick seyn, so
kommt auf jedes Ey 2 halbe Eyer-Schaalen
voller Wein. Dann auf Kohlfeuer gesetzt und
immer gerührt bis es anfängt dick zu werden,
denn geschwinde ausgegossen, weil es leicht gerinnet.

207. Wanille-Crême.

Man nimmt 8 Loth fein geschnittene, nein,
gestoßene Mandeln, ein gut Stück fein gestoßene
Vanille, 4 Eyer-Dotter, ein Stück Zucker, ein
Stück ganze Zitronen-Schaale; und ½ quart
kochenden Rahm auf die ganzen Ingredenzien
gequirlet; darauf wird es unter rühren wieder
auf das Feuer gesetzt bis es dick wird.

Oder:

1 quart gute Sahne läßet man ohngefähr
1¼ Stunde kochen mit einem Stück fein ge-

schnittener Vanille. Dann 16 Eyer-Dotter in einen Topf geschlagen; 24 Lth. abgeschälte und ganz fein gehackte Mandeln, ein Stück Zucker, ein Stückchen ganze Zitronen-Schaale (welches man nachher herausnehmen kann) dazu gethan, und tüchtig zusammen gespeidelt. Dann die kochende Sahne durchgeseihet und auf die Eyer-Dotter nach und nach unter beständigem Rühren gegossen. Dann auf der Kohlpfanne ebenso als Nr. 206 beim Wein-Crême angegeben ist.

208. Eyerfladen zu machen.

Man nimmt zwey und ein Vierthelmaaß Milch, läßet dieselbe mit einem Stück Zucker zwey Stunden lang kochen, es muß aber beständig gerührt werden. Auch thut man ein Stück Zimmt hinzu, welches eine halbe Stunde mitkochen muß. Alsdann läßet man sie kalt werden, seihet sie durch ein feines Sieb, rühret hierauf das Gelbe von 14 Eyern hinzu, und thut das Ganze auf eine Schüssel, welche man auf einen breiten Topf mit kochendem Wasser setzet, einen Deckel darauf decket und denselben mit Kohlen belegt.

Es ist in einer halben Stunde gut, wird mit Zucker und Zimmt bestreut und in derselben Schüssel auf die Tafel gegeben.

209. Kirschklöße.

Man siede die Kirschen in Wasser ab und thue Zucker, soviel als nöthig, hinzu. Alsdann thue man sie aus der Brühe heraus und reibe sie durch einen Durchschlag, menge etwas geriebenen Weiß-Brod, Zimmt und Zucker daran, rühre es mit Eyern an, forme Klöße und brathe sie in Butter. Die Steine zerstoße man und lasse sie in der Brühe wieder sieden, gieße es hernach durch ein Haarsieb, thue Zucker und Zimmt daran, gieße das über die Klöße und lasse sie einmal darinnen aufkochen, doch kann man sie auch trocken geben.

210. Birnenklöße.

Man nimmt gute Birnen, die weder hart noch mehlig sind, schälet sie, thut das Kernhaus weg, und hackt sie dann ganz klein, thut sie in eine Schüssel mit ebensoviel Mandeln, die klein gestoßen und mit geriebenen, in heißer Butter gerösteten und etwas ausgekühlten Semmelkrumen, nebst Zucker und etlichen Eyern. Dieß alles wird gut untereinander gerührt, kleine runde Klöße davon gemacht und in Butter gebacken.

211. Rosinenklöße.

Ein Vierthelpfund kleine, runde Rosinen (Korinthen) werden mit einem Vierthelpfund

geſchälte Mandeln im Mörſer ganz klein ge=
ſtoßen, in die Schüſſel gethan, geriebne und in
Butter geröſtete Semmelkrumen, Zucker, Zimmt,
etliche Eyer, und ein wenig fein Mehl dazu ge=
nommen, der Teig gut durchgearbeitet, kleine
runde Klöße daraus gemacht, in die ſiedende
Butter gethan und gelb gebacken. Eine Brühe
von Wein, Butter, Zucker, Zimmt und ein paar
eingequirlten Eyern gemacht und darüber ge=
goſſen.

212. Königs=Kuchen=Mehl=Speiſe.

Man nimmt ein Königsbrod, welches größer
denn eine Groſchen=Semmel iſt, ſchälet die Kruſte
fein ab, und pflückt es in ein halb quart Sahne,
läßet es eine Weile zuſammen kochen, doch nicht
ſo, daß es einkocht. Wenn es etwas abgekühlt
iſt, wird ein Stück Butter hineingethan, ohnge=
fähr wie eine Wallnuß groß; darauf werden
nach und nach 10 Eyer heruntergerührt, und
nach Gutdünken Zitronen=Schaalen und Zucker;
zuletzt wird das ganze Weiß=Ei, welches zurück
geblieben, zu Schaum geſchlagen und dazu ge=
rührt. Wenn dieß alles nun in eine Form ge=
than iſt, welche mit Butter beſchmiert und ge=
riebener Semmel beſtreut iſt, ſo werden ganz
zuletzt würflich geſchnittene Mandeln und Zucker
darüber geſtreuet. Dieſe Mehlſpeiſe muß ohn=

gefähr ³/₄ Stunden auf der warmen Stelle im
Backofen stehen und nicht bey zu starkem Feuer.
Im Fall der Noth kann anstatt Königsbrod
auch Semmel genommen werden.

213. Hefen-Klöße zu machen.

1 Metze Mehl, 4 Eyer, 1 quart Hefen, 2 quart
Milch ebenso eingerühret wie das Vorhergehende
und dann in Wasser gekocht.

214. Weiß-Pott.

Nimm Semmel, röste sie in Scheiben. 1¹/₂ Pfd.
Rinder-Marks würflich geschnitten, große und
kleine Rosinen, Citronat; alsdann nimm eine
Rand-Schüssel, schmiere sie aus mit Butter, als-
dann eine Lage Semmel-Scheiben, hernach Marks,
Rosinen, Citronat und so continuire bis es voll.
Hernach mache einen Guß von Sahne, Eyern,
Zucker, Zimmt, etwas Gewürtz. Gieb es drüber
und laß es backen.

215. Ein Pfannen-Brey.

Man nimmt ein gut Stück Butter, läßet
solche in einer ehernen Pfanne oder breitem Tiegel
etwas gelblich werden, dann rühret man so viel
Mehl dazu, daß sie dick wird, alsdann gießet
man nach und nach etwas heiße Milch dazu,

daß es ein dicker Brey wird, den man mit einem Messer essen kann. Nun läßet man ihn noch etwas schmohren und thut beim Anrichten Zucker darein; auch Zucker und Zimmt darüber.

216. Mohn-Strudel von Hefen-Teig.

Es wird ein gut Stück Butter geschmolzen, $^1/_2$ quart Sahne oder warme Milch, 4 bis 5 Eyer-Dotter, etwas Zucker, abgeriebene Zitronen-Schaale, und 3—4 Löffel gute Hefen. Hierzu wird nun so viel Milch gerühret, daß ein Teig daraus wird, so sich mangeln läßet. Und da man sehen muß, ihn so locker wie möglich zu erhalten, so thut man während dem Mangeln lieber noch etwas Mehl auf das Brett. Er muß nur gut so dick sein, daß er sich wirken läßet. Wenn er nun ge-mangelt und an beiden Enden etwas spitz ist, so hat man sich schon den Mohn gestoßen, und mit ein wenig Milch oder Sahne und Zucker ange-rühret. Den Teig alsdann mit einer Feder die in Butter getaucht, bestrichen, und den Mohn da-rüber geschmieret. Nun wird der Teig, doch nicht zu fest, aufgewickelt und schneckenartig auf das Brett gelegt, alsdann in eine mit Butter aus-geschmierte Kastrolle gethan. Nachdem der Teig mit Ey bestrichen — vor dem Streichen kömmt er aber 1 auch $^5/_4$ Stunden in einem warmen Ort zu ſtehen, wo er aufgehen muß — kömmt er in den Ofen. Eine Sahnen-Sooße dazu.

217. Kalte Speiſe mit Gallert.

Ein Kalbskopf, 4 Füße nebſt 3 Pfd. nicht zu fettem Schweinefleiſch werden jedes apart gekocht und geſalzen. Dann ausgezogen und auf ein Brett geleget, daß es ſich abkühlen kann und zugleich die Suppe ſich ſetzet. Alsdann löſet man das Fleiſch vom Kopfe ab und ſchneidet davon ſchmale Streifen, ohngefähr als einen Finger lang, ebenſo vom Schweinefleiſch und von den Füßen. Nun wird alles in eine Kaſtrolle gethan, Kalbskopf- wie Schweinefleiſch-Brühe und ein gutes $\frac{1}{2}$ quart Wein-Eſſig. (Man kann nicht leicht zu viel Brühe nehmen, weil das den Gallert ausmacht.) Nun hacket man ein Theil ausgewäſſerte Sardellen, auch Kapern und ein gutes Theil Schnittlauch, beides recht fein, und rühret es unter die Maſſe. Dieß muß zuſammen noch tüchtig kochen. Die Form wird vorher mit warmem Waſſer ausgeſpühlet, und dann die Maſſe darein gethan. Es pflegt ſich gut aus der Form zu ſtürzen, wenn es fürhero an den Seiten losgeſchüttert iſt. Sonſt bedient man ſich einer warmen Serviette. Die Sooße dazu ſiehe Nr. 145.

218. Blancmanger.

¹/₂ bis ³/₄ Pfd. gestoßener Reis; diesen bekömmt man in allen Gewürtz-Läden; wo nicht,
so läßet man ihn sich dort nicht viel gröber denn
Gries stoßen. Dieser wird in guter Milch recht
gahr gekocht, etwas Zucker, Butter, von einer
ganzen Zitrone die Schaale, selbige kömmt wieder
heraus; zuletzt etwas Salz. Alsdann in einen
Krebs oder Form wie man sie hat, auch in einen
Spühlkumpen, und Tassen darum gethan. Dann
ausgestürzet und obige Milch dazu, auch Wein
und Zucker. Der Reis muß etwas süße seyn.
Die Gefäße werden vor dem Einfüllen angefeuchtet. Die oben erwähnte Milch dazu.

219. Eine sehr gute Fasten-Speise.

2 bis 3 dünn eingerührte Eyer-Kuchen werden
ohngefähr als einen kleinen Finger dick gebacken.
Wenn sie kalt, werden sie in kleine Würfel geschnitten; eine flache Form wird mit Butter beschmieret, mit Semmel ausgestreuet und dann
lagenweise von den Eyer-Kuchen hineingelegt,
und immer länglich geschnittene Mandeln und
kleine Rosinen dazwischen gestreuet. Dann einen
Guß, von 1 quart Sahne, 5 bis 6 ganzen Eyern
etwas Zimmt, abgeriebener Zitronen, und so im
kühlen Ofen gebacken.

220. Eine Milch-Speise.

Nimm 12 Eyer, ein wenig Sahne, Zucker und gestoßene Vanille und kleine Rosinen. Bestreiche eine Schüssel mit Butter und gieße die Masse, wenn sie vorhero gut gequirlet, dazu und setze sie auf gelindes Kohlenfeuer. Ist es nun darauf etwas hart geworden, so bestreue es mit klein geschnittenen Mandeln, decke ein Blech mit Kohlen darüber bis es oben bräunlich geworden, dann bestreue es mit Zucker und Zimmt.

221. Ein leichter Crême von Reis.

Nehmet ein paar Hände voll Reis, waschet und blanchiret ihn, dann kocht ihn mit Sahne oder guter Milch ab; Zucker, Zimmt, Zitronen-Schaale, Rosen-Wasser dazu. Wenn er weich ist, streichet ihn durch ein Haarsieb; schlaget von 8 Eyern Schnee und dann gebacken und oben glasieret.

222. Wein-Schnee.

Nimm von 6 Eyern das Gelbe, $\frac{1}{2}$ quart Wein, Zucker, Zimmt, Zitronen-Schaale und rühre es wohl auf'm Feuer. Dann gieße es auf eine Schüssel, setze es in den Back-Ofen, bis es wie ein dicker Schaum wird, richte es dann an und streue Zucker drüber.

138

223. Aepfel-Crême.

Man nimmt 14 Aepfel von mittlerer Größe, brathet selbige recht weich, doch nicht zu braun; macht dann das Fleisch heraus, gießet einen guten Löffel Rum daran; das Gelbe einer Zitrone (abgerieben), Zucker nach Gutdünken, und schläget das Weiße von 2 Eyern daran. Diese Masse muß 1 Stunde hindurch mit einem Löffel geschlagen werden.

224. Schaum von Roth-Wein.

Auf ein quart rothen Wein nimmt man 12 Eyer, von 6 das Weiße dazu, und $1/4$ quart Wasser. Es muß sehr süß gemacht werden. Dann von 3 Zitronen die Schaale, welche auf Zucker abgerieben wird, und von allen 3 Zitronen den Saft dazu. Es wird kalt eingerührt, dann auf Kohlen gesetzt und mit einer Ruthe immerwährend geschlagen, doch muß es nicht kochen. Wie der Schaum ganz fein wird, ist es fertig.

NB. Es kann auch von weißem Wein gemacht werden, doch da kömmt noch etwas Zimmt dazu, sonst ist es ganz das nehmliche.

225. Buttermuß.

Schneide für einen Groschen Weiß-Brod in Schnitten, und diese Schnitten entweder in Würfel oder längliche Stücke, laſſe Butter in einer Pfanne zergehen, thue das geſchnittene Brod darein und ſchüttle es überm Feuer, bis alles ſchön gelb iſt. Alsdann verklopfe 3 Eyer mit Zucker, Zimmt, etwas Roſenwaſſer und einem Mäßel Milch, ſchütte dieſes an das geröſtete Brod, thue unten und oben Gluth dazu und laße es backen.

226. Buttermuß mit Mandeln gebacken.

Laß 1 Pfd. gute Butter in einem weiten irdenen Napf ein wenig warm werden und zer= rühre ſie. Schlage 10 ganze Eyer und 8 Dotter unter beſtändigem Rühren eines nach dem anderen dazu. Stoße hiernach 4 Loth abgebrühte Mandeln, thue ſie in eine Kaſtrolle mit einem Löffel voll Butter und rühre es durcheinander, gieb $1/4$ Pfd. geſtoßenen Zucker dazu und rühre es noch eine Vierthelſtunde. Dann gieße es in eine tiefe Schüſſel und backe es bey gelinder Hitze.

Kuchen, Torten und anderes Gebäck.

227. Mandelhäufchen.

Nimm 1 Pfd. süße und ½ Pfd. bittere Mandeln, brühe sie ab und schneide sie länglich; thue dazu 1 Loth gestoßenen Zimmt, von einer Zitrone die abgeriebene Schaale, geriebenen Zucker so viel dir beliebt und so viel Eyer, daß die Mandeln naß werden. Dann rühre alles wohl durcheinander, lege davon Häufchen auf ein mit geriebener Semmel bestreutes Papier und backe sie bey gelinder Hitze.

228. Mandel-Häufchen auf andere Art.

Wie in Nr. 227 beschrieben, nur mit dem Unterschiede, daß auf ein Ey 2 Löffel mit Zucker gerechnet werden und nun die lang geschnittenen Mandeln darüber kommen. Auch werden diese anstatt auf dem Brett auf einem mit Oehl abgeriebenen Kupfer-Blech gebacken.

229. Baifers.

Auf ein Weißes vom Ey nimmt man 3 Eßlöffel voll fein gesiebten Zucker, schläget das Ey
zu Schaum und den Zucker langsam darunter.
Dann werden auf ein Brett von hartem Holze
kleine Klümpchen mit dem Messer gelegt und
so in den warmen Ofen gesetzt, wo sie in kurzer
Zeit gelb sind.

230. Blasen-Kuchen.

Rühre ½ Pfd. geriebenen Zucker, das Weiße
von 1 Ey und ½ viertel Pfd. feingestoßene
bittere Mandeln recht durcheinander, mache davon kleine Kuchen, lege sie auf Papier und laß
sie backen.

231. Eine Art von Mürbe-Teig.

10 Eyer, 1 Pfd. Zucker, 1 Pfd. Mehl. Dieß
wird zusammen gerühret und zuletzt das Weiße
von den Eyern zu Schaum geschlagen und
darunter gethan. Dieser Teig wird auf einem
mit Butter beschmierten Papier auf einem Blech
gebacken, indeß so dünn wie möglich darauf geschmieret; augenblicklich wie er aus dem Ofen
kömmt, muß er in Stücke geschnitten werden,
und dann die Stücke auf etwas gelegt, daß sie
krumm werden.

232. Butterteig.

Zu einem Kuchen nimmt man ½ Pfd. Butter, 1 quart Wasser, 1 Ey, etwas Zucker und 1 Pfd. Mehl. Wenn der Butterteig in der gehörigen Form gemangelt ist, wird er mit Gelb vom Ey bestrichen.

233. Saucischen zu backen.

Man nimmt ¼ Berliner quart Milch, leget ¼ Pfd. Butter, auch ¼ Pfd. Zucker darin, läßet selbiges zusammen aufkochen; alsdann rühret man Mehl darin, so viel, daß der Teig ganz steif wird, und läßet es wieder so lange kochen, bis sich der Teig vom Boden löset. Hierauf nimmt man 6 Eyer, schlägt immer 2 und 2 auf den Teig klopfet ihn sehr mit den Eyern durch, und setzet es bey Haufen auf ein mit Butter beschmiertes Papier, schicket es nach dem Ofen und läßet es backen.

234. Hohl=Makronen zu backen.

Man nimmt 1 Pfd. Mandeln, 13 Stück Eyer und 1½ Pfd. Zucker. Zuerst das Gelbe von den 13 Eyern, ¾ Pfd. Zucker und ¾ Pfd. Mehl und knetet es ganz dick, und rollet es dann dünn wie Scheitz=Kuchen.*) Dann legt man immer eine Unter=

*) Scheitz=Kuchen oder Scheitchen. Thüringsche Be=nennung für Stolle.

Schaale von der Thee-Dose unter den Teig und
schneidet ihn rund ab, legt es in die Pfanne und
läßet es allmählich trocknen, wobey noch zu
observiren, daß man allezeit 3 ½ Vierthel süße
und ½ Vierthel bittere Mandeln ³/₄ Pfd. Zucker,
das Weiße von den Eyern durcheinander rührt,
Zitronen, bischen Kardamums, Kaneel nach belieben. Solches auf die Kuchen geschmiert und
unterm Back-Ofen auf Feuer gebacken. Man
macht auch Eiß darüber. Dazu nimmt man ein
bischen Rosenwasser und Zucker, reibet's eine
Stunde brav, dann darüber gestrichen. Man kann
es auch schön auszieren mit dem bunten Sand-
Zucker, wie es heißt.

235. Waffeln zu backen, wie sie der Koch bey Lützwitzens macht.

Er nimmt das Gelbe von 10 Eyern, welches
zwei Tassen-Köpfe ausmacht, von geschmolzener
Butter 2 Köpfe, von Sahne oder guter Milch
2 Köpfe; von recht gutem Mehl 2 Köpfe und
von Hefen 1 Tassen-Kopf voll. Milch und Butter
werden etwas warm genommen, damit der Teig
bald aufgehet, so höchstens in einer viertel
Stunde geschieht; wenn dieser nun aufgehet,
rühret man ihn einmal herunter, bestreicht das
Eysen mit etwas Butter, in einen Lappen gethan,

und nimmt von dem Teig mit einer Kelle heraus,
doch muß solche nicht in den Topf gethan werden
weil sonst der Teig fällt. Man nimmt also damit immer von oben ab und machet das Eysen
nicht ganz voll, weil es sonst aussprudelt. Die
Kuchen setzet man etwas warm, weil sie sonst
weich werden. Ein wenig Zucker thut man auch
dazu.

236. Englischer Scheit.

Man nimmt fein Mehl, je nachdem wieviel
man machen will, etwas zerlassene Butter darunter und Zucker mit guter Milch und 12 Eyern
angemacht. Alsdann im Ofen oder in einem
Tiegel oder einer Kastrolle gebacken. Wenn es
abgebacken, laß es aus kühlen, alsdann wird es
in Streifen geschnitten. Eine Kastrolle mit
Schmalz laß heiß werden und die Streifen langsam darin gebacken. Mit Zucker und Zimmt
bestreuet.

237. Kollatschen von der Rößlern.

Auf eine starke Schüssel nimmt man 1 Pfd.
Butter, 1 Pfd. Mehl, 12 Eyer und ½ Pfd.
Zucker.

Die Butter wird zu Sahne gerieben, ist sie
zu salzig, muß man sie fürhehro auswaschen,
dann schläget man nach und nach die Eyer, halb
ohne Weiß, und rühret sie damit tüchtig. Nun

wird der Zucker dazu gethan, nebst Mehl und wieder etwas gerühret. Dann setzet man kleine Häufchen auf Papier und schicket sie in den kühlen Ofen, weil sie gar leicht verbrennen. Von dem Zucker läßet man etwas zurücke und streuet solchen auf die Kuchen blos in die Mitte; so werden sie damit als kandiret.

238. Holländische Waffeln.

Schlage in eine tiefe, irdene Schüssel 8 Eyer, thue dazu 8 Löffel voll geriebenen Zucker, einen guten Löffel voll gestoßenen Zimmt, einen guten Löffel voll fein geschnittenen Zitronen-Schaalen. Dieses wird zusammen zu Schaum geschlagen; dann thu dazu, doch nicht zu heiß, 1 Pfd. ge= schmolzene Butter, wovon vorher das Salz gut ausgewaschen und die wieder getrocknet worden. Wenn es mit der Butter gut durchgeschlagen ist, mache den Teig mit fein Weitzen=Mehl so dick, daß man Kugeln in der Größe einer großen Wallnuß daraus machen kann; der Teig muß aber nicht zu dicht gesetzt seyn, sonst gehen die Kuchen von einander. Backe sie wie die Hamburger Waffeln.

239. Apfel=Kuchen.

Man nimmt Aepfel, schneidet solche in Scheiben und das Inwendige daraus. Alsdann wird der

Teig eingerührt, mit Eyern, Milch, Butter, Bärme und Zucker, aber dick, daß der Teig auf die Aepfel, wenn man sie einschiebt, hacken kann.

240. Sahn=Waffeln, so die Tante Bartholden anrühmet.

Man rühret ½ Pfd. Butter zur Sahne, schläget das Gelbe von 8 Eyern, dazu ½ quart Sahne und ½ Pfd. Mehl. Ist dieses nun hinlänglich gerühret, so thut man etwas Zimmt, eine abgeriebene Zitronen=Schaale und sehr wenig Zucker dazu, weil sie sonst nicht aufgehen. Zuletzt schläget man den Schaum von dem Weißen der 8 Eyer und thut dieses kurtz vor dem Backen dazu. Sind ganz vortrefflich.

241. Räder=Gebackenes.

Nimm 3 Eyer, ein wenig gestoßenen Zucker, etwas Muskatenblühte, und mache mit Mehl einen steifen Teig davon. Mangle ihn so dünn als es immer möglich, und schneide mit dem Kuchen=Rade länglichte Stückchen. Setze abgeklärte Butter oder Schmaltz auf; wenn dieses zu brathen anfängt, so lege ein Speil hinein. Das Schmaltz darf nur stark heiß seyn. Es geht mit diesem Gebackenen sehr hurtig und je geschwinder

10*

es gebacken wird, desto besser ist es. Man nimmt jedes Stück mit der Gabel heraus und lässet es im Durchschlag rein ablaufen; bestreu es dann mit Zucker und Zimmt.

242. Münch-Kappen.

Wird das Gelbe von Ey, Mehl, Milch und Zucker zusammen gerollt, ganz dünn und nach der Form geschnitten.

Das Weiße wird zu Schnee geschlagen und gestoßene Mandeln und Zucker hinzugethan. Wenn dann der Teig gerollt ist, so wird die Form ausgeschmiert mit Butter, und hernach den Teig eingelegt, daß er steif auf'm Feuer wird; hernach wird der Schnee, Mandeln und Zucker überschmiert und in der Tortenpfanne ge-backen.

243. Butter-Kuchen.

Nimm 1 Pfd. Butter, die Hälfte davon schmelze und die andere Hälfte nimm wie sie ist. Ferner ½ Nößel süßer Sahne, 2 Eyer, gestoßene Muskatenblüthe und 4 Eßlöffel voll guten Bräu-haus-Hefen. Von diesem allen mache mit so viel Mehl als nöthig ist, einen Teig, lasse ihn an einem warmen Orte aufgehen, rolle ihn auf einem mit Butter bestrichenen und mit wenig Mehl bestreuten Papier zu einem Kuchen auf, mache

einen Rand darum, unter denselben lege große
Rosinen und abgebrühte süße Mandeln, eins um
das andere und lasse den Kuchen im Backofen
backen.

244. Ein Kirschkuchen in einem blechernen Rand.

Dazu nimmt man ½ Pfd. Butter wo das
Salz rein ausgewaschen. Dann thut man es in
ein Reiberz und reibt man 1 Stunde bis es zur
Sahne wird. Wenn man es eine Stunde ge=
rieben hat, dann thut man etwas Zucker und
das Gelbe von 2 Eyern dazu und rühret es
durcheinander. Dann nimmt man 7 Löffel voll
Weitzen=Mehl und dann wird es gut durchein=
ander gerühret; dann nimmt man die Torten=
pfanne und legt 1 Bogen Papier in die Pfanne,
dann setzet man den blechernen Rand darauf und
dann schmieret man das Papier und den Rand
mit geschmolzener Butter und bestreuet es mit
geriebener Semmel; dann nimmt man den Teig
und beschmieret den Rand und den Boden. Es
muß aber Daumbreit von dem Rand liegen
bleiben rundum. Dann nimmt man 1 quart
dicke Sahne, sie muß so dick seyn, als man sie
zur Butter abstreichet, sie muß auch nicht alt
seyn. Dieß machet man in einen Topf und quirlet
sie klein darin. Dann 4 Eyer weiß und gelb, so

viel Zucker, daß es süß wird und 1 Löffel voll Mehl gut durcheinander geschlagen, dann leget man einen Teller voll Kirschen auf den Teig, dann streuet man geriebenen Zucker auf die Kirschen und gießet den Guß darauf von der Sahne und dann wird's gebacken.

Er muß lange backen, unten wenig Feuer, daß er gelinde backt, und muß lange in der Torten-Pfanne stehen, sonst wird er nicht dick. Dann nimmt man einen Strohhalm und steckt ihn in den Kuchen rein, und wenn es nicht an-backen bleibt, ist er gut.

245. Milchbrod in Butter gebacken.

Man nimmt von den runden kleinen Milch-Broden, reibet die Kruste davon ab, und legt sel-bige, die Brode, in süße Milch und setzt sie auf's Feuer, daß es so anzusieden fängt; unterdessen muß die Butter brathen, alsdann werden die Milch-Brode in die Butter gebacken; wenn sie braun genung, leget man sie in eine Schüssel, und bestreuet sie mit Zimmt und Zucker, dann wird eine Wein-Sooße darüber gegossen.

246. Kahle Vögel.

Man nimmt ¼ Pfd. süße Mandeln, ein halb ¼ Pfd. Zucker; die Mandeln werden klein ge-

gestoßen, mit dem Zucker nebst 4 Eyer-Dottern meliert und etwas geriebenem Weiß-Brod. Hiervon formiret man einen Teig in Formen wie Vögel, thut in die Torten-Pfanne etwas Butter und läßet selbige darinnen gelb-braun werden. Man gießet eine Milch- oder Wein-Sooße darüber.

247. Anis-Kuchen.

$^3/_4$ Pfd. Zucker, $^3/_4$ Pfd. Mehl und 3 Eyer. — Den Zucker gesiebt, alsdann die Eyer mit den Zucker gut geschlagen, dann mit den Anis und Mehl gut durchgerühret, und auf's Blech gestrichen und gebacken.

248. Gebackene Milch.

Man nimmt Weiß-Brod, schneidet solches in Scheiben und brathet es in einer Form oder Potagen-Schüssel in Butter. Dann nimmt man 8 bis 10 Eyer, thut darunter $^1/_2$ Löffel voll Mehl, etwas Zucker, Zimmt und 1 quart gute Milch, das heißet Berliner quart. Dieß gießet man auf das gebrathene Brod und läßet es ganz gelinde von unten und oben backen; wenn es anfängt zu backen, legt man kleine Häufchen kleiner Rosinen auf die Semmel und zuletzt streut man Zucker und Zimmt darüber.

249. Zucker-Brod.

1 Pfd. Zucker, 1 Pfd. Mehl, 8 Eyer, 1 Zitrone, 1 Loth Zimmt, 1 Loth Kardamums, dieß wird gut zusammen durchgerieben, nachhero setzet man die Kuchen mit einem Löffel auf Papier; der Ofen darf nicht wärmer denn zu den Makronen seyn.

250. Makronen.

1 Pfd. Mandeln wird gebrühet, abgetrocknet, und auf ein Reib-Eisen gerieben, und die Stücken fein gestoßen; dann 1 Pfd. Zucker, dann 3 Gelb vom Ey, von 4 wird das Weiße zu Schaum geschlagen, von einer Zitrone die Schaale und ½ Loth Zimmt. Dieß rührt man brav untereinander, damit es gahr wird, alsdann durch eine Sprize gedruckt, oder auch Figuren nach belieben davon gemacht, und so schiebt man es 2 Stunden nachdem in den Ofen, wenn das Brod heraus ist. Auf diese Art macht man auch bittere Makronen von bitteren Mandeln.

251. Krauß-Brod.

Nimm von 8 Eyern das Gelbe und von 2 das Weiße, 2 Löffel voll Mehl, ½ Loth Kardamums, 1 Loth Zimmt, ½ Loth Muskaten-Blüthe, für 6 Pf. Orangen-Wasser, ¼ Pfd. Zucker und eine abgeriebne Zitrone. Dieß quirlet man zuſammen und thut ſoviel Weitzen-Mehl darunter, daß ein feſter Teig wird; alsdann macht man von ihm harte Klöße. Die legt man auf ein Brett und rollet ſie ſo breit und dünn, als es möglich iſt. Dann nimmt man ein Back-Rad und ſchneidet die Stücke ſo groß als man ſie haben will, und läßet ſie in Schmaltz oder Butter gahr backen.

252. Zwieback.

Man muß immer etwas Zwieback vorräthig haben, damit man denſelben im Fall der Noth gebrauchen kann: Daher iſt es gut, wenn man ſich denſelben ſelbſt backen kann. Ordinären Zwieback backt man auf folgende Art:

Man nimmt 1 Pfund Mehl, $\frac{1}{4}$ Pfd. Zucker und 4 Eyweis. Das letztere ſchlägt man mit etwas lauwarmem Waſſer, thut den Zucker und das Mehl hinzu und rühret es recht untereinander. Alsdann formt man Zwieback daraus, und backt ſie auf einem Blech im Bratofen. Wenn ſie aus demſelben kommen, ſchneidet man ſie durch und bäckt ſie noch einmal, daß ſie gelblich und trocken werden, und hebt ſie in einem leinenen Beutel, den man aufhängt, auf.

253. Recept zu Windbeuteln.

$\frac{1}{2}$ quart Milch läßet man nebſt $\frac{1}{4}$ Pfd. Butter in einem Tiegel kochen; alsdann rühret man ½ Pfd. Mehl hierein, und schläget zuletzt, wenn diese Masse etwas kühler geworden, 8 ganze Eyer hinzu. Doch muß man ja keinen Zucker, aber etwas Muskatenblüthe und Zitronen-Schaalen hinzuthun.

Von diesem Teig macht man Klümpchen in der Größe einer Wallnuß auf ein gut geschmiertes Papier und läßt sie backen.

254. Spanisches Brod.

Weißbrod-Scheiben wie ½ Finger dick, werden 1½ Stunden in Cahor eingeweiht, etwas härtlich in brauner Butter gebacken und heiß in Zucker und Zimmt gewälzt. Die Großmama Friesnern findet es sehr gut.

255. Englische Tensu.

Nimm 6 Milch-Brode, schneide die braune Kruste ab und 1 Pfd. Bisquit. Weiche beides in Milch ein, drücke es aus und reibe es durch einen Durchschlag. ½ Pfd. Butter, zu Schnee geschlagene 6 Eyweiß, das Gelbe, Zimmt, Zucker, Zitronen-Schaale, Muskaten-Blüthe, etwas Salz; ein paar Hände voll Spinat stoße recht fein, drücke den Saft durch eine Serviette zu der Masse, daß es recht grün wird, arbeite es wohl durch, und laß es backen, garniere es mit Bisquit.

256. Ramequins*) zu backen.

Reibe Butter zu Sahne, thue von 6 Eyern das Gelbe dazu und rühre es zu Crême. Alsdann thue geriebenen Parmesan-Käse, auch etwas Milch dazu; schneide Semmel in Scheiben, streiche von dem Käse hoch auf, lege es in eine Torten-Pfanne mit etwas Butter, streue unten und oben Mehl und laß es schnell backen.

257. Wein-Röllchens.

Nimm das Gelbe von 4 Eyern, gestoßenen Zimmt, abgeriebene Zitronen, 2 Weingläßer Rheinwein und eben so viel Wasser. Rühre alles wohl untereinander, und nimm so viel feines Mehl dazu, daß der Teig wie zu den Zimmt-Röllchens wird. Kurtz vorher thue den Zucker dazu und backe sie.

258. Zimmt-Röllchens.

12 Loth Mehl, 6 Loth Zucker, 4 Loth Butter, 2 Eyer, Zitronen-Schaale abgerieben, Zimmt und Kardamums. Hiervon wird ein steifer Teig gemacht und in ein Röllchen-Eisen, so viel wie eine Wallnuß groß, hineingelegt und gebacken. Die Butter muß zur Sahne gerieben werden. Man

---

*) Ramequins — kleine Käse-Auflaufe oder Käse-Pastetchen.

kann auch nach Belieben geriebene füße Mandeln
darin nehmen.

259. Salz-Röllchens.

Nehmet von 2 Eyern das Gelbe, und 1 quart
füße Sahne. Quirlet es wohl durcheinander und
thut dazu 1½ Pfd. feingeriebenen Zucker, ge=
stoßenen Kardamums und Zimmt. Von einer Zi=
trone die abgeriebene Schaale, ein wenig Salz
und zuletzt 1 Pfd. recht feines Weitzen-Mehl.
Wenn es gut durcheinander gerühret ist, backt es
in einem etwas tiefen Röllchen-Eyfen und gleich
im Eyfen auf ein Roll-Holz gelegt, bis sie kalt
seyn. Leget sie nicht auf Zinn, sonst werden sie
weich.

260. Mandel-Röllchens.

Nehmet 2 Eyer ganz und von 2 Eyern das
Gelbe, einen Löffel füßer Sahne, ¼ Pfd. sehr
feingestoßene füße Mandeln, ¼ Pfd. geriebenen
Zucker, ¼ Pfd. Mehl. Rühret es wohl durch=
einander und backt sie wie die vorigen.

261. Pfannkuchen oder Kreppels.

Ein reichliches Mäßel Mehl, 12 Eyer-Dotter,
ein knappes ¼ quart Butter, eben so viel Milch
und auch eben so viel Hefen; Zucker und Zi=

tronenfchaale nach Gutdünken. Nachdem diefer
Teig gut durchgerühret ift, kann man ihn in
eine mit Mehl eingeriebene Serviette einbinden
und in eine mit Waffer angefüllten Stande*)
werfen, wo man ihn alsdann fo lange liegen
läffet, bis er von felbft wieder in die Höhe kommt.
Es ift aber auch nicht recht nöthig, ihn ins Waffer
zu werfen, denn die Pfannkuchen werden eben
fo gut, wenn man fie bald füllt und in Schmalz
bäckt. Etwas geftoßenen Kardamums in den
Teig gethan, macht, daß fie das Fett nicht fo
annehmen.

262. Pfannkuchen auf eine andere Art.

Auf 2 Schüffeln gehört 1 Metze Mehl, 8
Eyer, von 3 nur das Weiße, das zu Schaum gefchlagen werden muß; 1 quart Hefen, $\frac{1}{4}$ quart
Butter, 2 quart Milch, $\frac{1}{4}$ Pfd. Zucker, etwas
Zitronenfchaale. Man gießet die Hefe, welche
nur lauwarm feyn muß, in die Mitte des Mehls
und fängt an zu rühren. Die Milch gießet man
nicht unter die Hefe, fondern unter das Mehl;
wenn man diefes gut gerühret hat, kommen die
übrigen Ingredenzien dazu. Dann läffet man den
Teig gehen, worauf er gewirkt und aufgemangelt
wird. Und fo groß man felbige zu machen denkt,

---

*) Stande — hölzernes Gefäß.

legt man immer kleine Haufen von eingemachten Kirschen, Himbeeren oder Pflaumen. Dann den Teig zusammenrollen, wieder gehen lassen und dann in Butter ausbacken wozu zwey quart wohl nicht genung seyn, denn sie müssen immer schwimmen.

263. Mürber Teig mit Kirschen.

1 Pfd. Butter wird ausgewaschen und zu Sahne gerühret, etwas Zucker und 6 Gelb vom Ey. Dieß wird mit 14 gehäufte Löffel voll Mehl eine ganze Zeit gerühret. Etwas Mehl behält man zurück, um das Brett damit zu bestreuen, worauf der Boden gewirket wird. Nun thut man wohl, wenn man den Teig zum Boden auf das Brett etwas breit wirket, und ihn dann sogleich auf das Papier schläget, so auf der Platte, worauf er soll gebacken werden, lieget; es mit Butter zu bestreichen, ist nicht nöthig. Nun mangelt man ihn hierauf so dünn wie ein Strohhalm dick und schneidet ihn nach einem Lineal gerade, doch so, daß ohngefähr einen Finger breit Rand vom Papier stehen bleibt, da der Teig doch ein ganz wenig fließet. Der Rand herum wird nun als einen guten Daumen dick gekullet,*) und so lang gemacht wie es sich thun läßet. Der Boden wird rundherum mit Weiß und Gelb

---

*) gekullet — gerollt.

vom Ey beſtrichen und der Rand darauf geſetzet, wobey zu beobachten iſt, daß man die Enden juſt nicht in den Ecken zuſammen klebet, ſondern in der Mitte, wo man ſie etwas ſchräge ſchneidet, etwas Ey dazwiſchen ſchmieret und ſo zuſammen drückt. Den Rand ſuchet man nun gut auf dem Boden, beſonders auf der äußerſten Seite, anzu= kleben, zieht ihn dann mit den Fingern oben etwas ſpitzer und drücket ihn dann mit den beiden erſten Fingern, gegen einander geſetzt, immer auf den Boden an, damit er unten breit wird und oben ganz ſchmal. Nun wird er mit Ey be= ſtrichen und die Kirſchen darauf geleget, dann brav Zucker darauf und drüber den Sahn=Guß Nr. 244. Er wird in gelinder Hitze gebacken, wenn das Brod aus dem Ofen iſt.

264. Zimmt=Waffeln.

1 ½ Pfd. Mehl, ¾ Pfd. Butter, ½ Pfd. Zucker, 4 Eyer, 1 Löffel voll Roſen=Waſſer, 2 Loth Zimmt, — von 1 Zitrone die Schaale, Kardamums. — Knete davon einen Teig, mache runde Klößchen wie eine Kaſtanie groß, und backe 2 zugleich. —

265. Kaiſer=Brod.

10 Eyer, 2 Pfd. geſtoßenen Zucker, 1 Pfd. Weitzen=Mehl, dieß tüchtig durch einander ge=

schlagen, und also wie ein ander Brod ge=
backen. —

266. Spanischer Streußelkuchen.

Dazu nimmt man ½ Metze Weitzen=Mehl,
½ quart Hefen, ½ quart Sahne, 1 Pfd. Rosinen,
½ Pfd. Mandeln, 1 Mandel Eyer, um einen
Silbergroschen Zimmt und Muskathenblumen
und von einer Zitrone die Schaale. — Nimm
das Mehl, thue es in eine Schüssel, behalte aber
noch etwas zurück und gieße die Hefe darin so
auch die Butter, welche zuvor zerlassen worden
ist, aber nicht alle, und dann die übrigen In=
gredenzien. Von den Eyern wird das Weiße
zurück behalten und ganz zuletzt zu Schaum
gerührt und darunter gethan. Wie nun der Teig
gut untereinander gerührt ist, wird er auf den
Tisch, welcher zuvor mit Mehl bestreut ist, glatt
gemangelt, und auf Butter beschmiertem Papier
auf das blecherne Brett gelegt und in den Ofen
gestellt. ¡Wenn er halb gahr ist, kommt der
Streußel drauf. Zum Streußel wird Mehl mit
Butter und Zucker zusammen gerührt.

267. Makronen=Torte.

Auf eine Torte von zwey Lagen nimmt man
2 Pfd. süße Mandeln, eine Hand voll bittere und

12 Weiß vom Ey. Die Mandeln werden ge=
brüht, abgezogen, und so fein wie möglich ge=
stoßen. Alsdann wird der Zucker mit den Mandeln
auf das Feuer gesetzt, bis es anfängt, dick zu
werden. Dann schlägt man das Weiß vom Ey
zu Schaum, und rührt es darunter. Drauf macht
man 2 Kasten von Papier, reibet selbige brav
mit Mandeln aus, man nimmt nicht Butter, weil
der Kuchen danach schmierig wird, und dann
schiebet man den Teig in diesen Kasten in den
Ofen. Der Kuchen wird nicht besser, als wenn
er einige Tage vorher gebacken wird, und man
ihn dann zum auftrocknen wieder etwas in den
Ofen setzt. Wenn der Kuchen soll angerichtet
werden, beschmieret man die unterste Lage mit
Eingemachtem, leget die obere drauf, und putzet
den Kuchen mit zu Schaum geschlagenem Zucker
würflig oder wie man will, und dazwischen
immer etwas Eingemachtes.

268. Wiener=Torte von Sand=Torten= Teig.

Man nimmt 1½ Pfd. Butter, 1½ Pfd. Mehl,
³/₄ Pfd. Zucker und 8 Eyer. Von zweien läßet man
das Weiße zurück; nun machet man 6 Kasten,
jeden von einem halben Bogen Papier. Hierin

thut man den Teig als einen halben Finger dick
und suchet ihn mit einem silbernen Löffel sehr
gleich zu machen, wobey man das Papier immer
an den Tag hält. Nun backet man ihn in gelinder Hitze auf einem Blech gelblich, so daß er
hart wird. Dann leget man ein Stück auf das
andere und beschmieret ein jedes mit verschiedenem
Eingemachten. Zum obersten Stück, wozu man
das beste zurück läßet, machet man einen Guß.
Zu selbigem nimmt man $\frac{1}{4}$ Pfd. fein geriebenen
Zucker, von einer halben saftigen, wo nicht von
einer ganzen Zitrone, den Saft, von einem Ey
das Weiße. Dieß wird zusammen wenigstens
$\frac{1}{4}$ Stunde lang gerühret und dann der Kuchen
mit einem Messer etwan ganz damit bezogen,
oder auch bloß ausgeputzet. Auch putzet man
den Kuchen mit fein gehackten Pistazien aus.
Die Pistazien werden gekocht und wie Mandeln
abgerühret.

Der Teig wie folgt. Die Butter wird abgewaschen und zur Sahne gerühret, die Eyer-
Dotter werden allmählich darunter gebracht, doch
zuletzt die 2 mit dem Weiß. Dann immer eine
Hand voll Mehl und eine voll Zucker, womit
denn eine Stunde vergehet, wo er dann genung
gerühret ist. Von einer Zitrone nimmt man noch
die Schaale. Wenn der Guß auf dem Kuchen
ist, muß er von ferne am Feuer trocknen.

269. Sand=Torte.

1 Pfd. Butter wird zu Schaum geschlagen,
10—12 Gelb vom Ey nach und nach zugethan.
1 Pfd. Zucker, 1 Pfd. Kraft=Mehl, von 2—3
Zitronen die Schaale, für 2 Groschen Karda=
mums, von 6—8 Eyern das Weiße zu Schaum
geschlagen, zuletzt darunter, und in der Form
gebacken.

270. Zitronen=Torte.

8 Zitronen, 1 Pfd. Zucker, 1$^{1}/_{2}$ Pfd. Mandeln,
$^{1}/_{4}$ Maaß Wein — schneide die Zitronen=Schaale
klein, die Mandeln gröblich gestoßen, in $^{1}/_{4}$ Maaß
Wein zusammen abgerührt, — dieß auf dem
Feuer, alsdann laß es kalt werden. Die Zitronen
in Scheiben geschnitten, in Zucker gelegt. —
Dann ein mürber Teig von Butter, Mehl, Eyern,
Zucker, Wein als eine Torte formiert.

271. Reis=Torte.

$^{1}/_{2}$ Pfd. Reis, $^{1}/_{2}$ Pfd. Zucker, 3 gute, saf=
tige Zitronen. Der Reis wird gekocht, doch nicht
zu mürbe, dann wird er in ein Haarsieb gethan
und 3mal mit Wasser abgespület, bis solches
ganz klahr darauf ist. Die Zitronen=Schaalen
werden länglich geschnitten und in Franz=Wein
und Zucker mürbe gekocht. Nun wird der Wein

11*

abgegoffen und die Zitronen-Schaale nebft dem Zucker und den Saft der Zitronen zum Reis gethan. Dieß muß eine Weile fchmohren. Wenn es kalt, wird es in Boden und Rand von Butterteig gethan.

272. Schwarz-Brod-Torte.

12 Loth Butter zu Sahne gerieben; 14 bis 16 Gelb vom Ey nach und nach zugefchlagen; 1½ Pfd. Zucker, ein paar Hände voll geftoßener Mandeln, Zimmt, Nelken, Zitronen-Schaale und 24 Loth fchwarzes Brod, welches hart geröftet, geftoßen und durch ein Sieb gethan wird; zuletzt der Schnee der Eyer dazu.

273. Auf eine andere Art.

18 Eyer, von 8 nur das Gelbe, werden fo lange gefchlagen, bis fie dick werden; dann ½ Pfd. gefiebten Zucker dazu gethan, dann 1 Tafel Chokolade, ½ Pfd. geftoßener Mandeln dazu gethan, nebft Nelken, Zimmt, Kardamums und zuletzt 4 Loth geröftetes Brod.

274. Torte von Ochfen-Marks.

1 Pfd. geftoßene Mandeln, fomit Roßnen- und Orangen-Waffer angefeuchtet, thue dazu ein

wenig Sahne, ½ Pfd. feinen Zucker, Zitronen-
Schaale, 8 Eyer, von 4 das Weiße, 1 Pfd. klein
geschnittenen Marks.

275. Kraft-Torte.

Nimm 15 Eyer, 1 Pfd. Zucker; schlage es so
lange, bis es dick wird, dann 1 Pfd. Mehl,
Zimmt, Kardamums, Zitronen-Schaale dazu, und
backe es ab.

276. Aepfel-Kuchen.

Koche die Aepfel mit etwas Wein und Zucker,
streiche sie durch. Nimm geschmolzene Butter,
rühre sie mit 18 Eyer-Dotter zu Crême. Die
Aepfel dazu, Semmel in Milch eingeweicht,
¾ Pfd. Zucker, Zimmt, Zitronen-Schaale, das
Weiße vom Ey zu Schnee und mit darunter.
Alsdann gebacken.

277. Hanbutten-Kuchen.

Weiche die Hanbutten erstlich in Wasser, hernach koche sie in Wein, Zucker, Zimmt, Zitronen-
Schaale recht gahr. Streiche sie durch; hernach
von 18 Eyern das Gelbe gut durch gerühret,
das Weiße zu Schnee und allmählich darunter
geschlagen, feinen Zucker, so viel nachdem man
machet. Fülle es in Formen. Man kann es
auch auf Oblaten machen und backen.

278. Ein Israel-Kuchen.

1 Pfd. Butter, 1 Pfd. Mehl, 1 Pfd. Zucker, 8 Eyer, von 2 Zitronen die Schaale.

Man nimmt die Butter, rühret sie zu Sahne, je mehr, je besser, thut den fein geriebenen Zucker und die abgeriebene Zitronen-Schaale hinzu. Insgleichen die Eyer, eins nach dem andern, und dann das Mehl. Wenn dieses zusammen wohl durchgerühret ist, bestreicht man ein Blech mit Butter, bestreuet es dann mit geriebener Semmel und thut den Teig darauf; bestreicht diesen mit Weiß vom Ey und streuet dann ¼ Pfd. Zucker und ¼ Pfd. klein geschnittene Mandeln wohl durch einander gerühret darauf und läßt ihn in einem Backofen bey sehr gelindem Feuer backen.

279. Ein Zwieback-Kuchen.

Laß in einem Nößel Milch für 8 Pf. Zwieback zergehen, rühre von 6 Eyern das Gelbe und das zu Schnee geschlagene Weiße dazu. Von einer Zitrone die Schale und den Saft von 2; alsdann ½ Pfd. geschmolzene Butter und Zucker nach Belieben. In einer Form oder Schüssel zu backen.

280. Ein Königs-Kuchen.

Nimm 1 Pfd. Mehl, 1 Pfd. Butter, ¾ Pfd. Zucker, ¼ Pfd. bittere Mandeln, 15 Eyer, von

2 Zitronen die Schaale und Muskatenblumen;
die Butter reibe zu Sahne, die Hälfte der Eyer
schlage ganz und von den übrigen die Dotter
hinzu, so auch die Mandeln, welche gröblich gestoßen werden. Wenn alles wohl durcheinander
gerühret, so schmiere den Teig einen kleinen
Finger dick auf Papier aus, das mit Butter geschmieret; dann wird's gebacken.

281. Weiße Nürnberger-Kuchen.

Rühre 13 Loth gestoßenen Zucker mit 4 Eyer-
Dottern so lange bis es weiß und ganz zu Schaum
wird, rühre 1 Loth Zimmt, ½ Loth Nelken und
so viel Kardamums als nöthig, alles grob gestoßen, darein, auch 2 Gr. Citronat und von
einer Zitrone die klein geschnittene Schaale. Dann
rühre 12 Loth des besten Mehls hinein und
½ Pfd. grob geschnittene Mandeln, welche zuvor in der Tortenpfanne abgehärtet worden.
Dann streiche diese Masse so lang und breit auf
Oblaten wie die Kuchen werden sollen und backe
sie bey nicht zu starkem Feuer in der Torten-
Pfanne. Sie halten sich lange.

282. Nürnberger Königsbrod.

Nimm 15 Eyer-Dotter, quirle solche in einem
Topf bis sie klein sind. Dann thue dazu 12 Loth

fein geſtoßenen Zucker und eben ſo viele Mandeln,
von 2 Zitronen die Schaale, 1 Loth Zimmt und
3 Quentchen Nelken, beides gröblich geſtoßen.
Alles dieſes muß ohne aufhören 1 Stunde ge=
quirlet werden. Wenn es dann ganz dick wie
ein Schaum geworden, ſo quirlet man noch
6 Loth Hausbacken=Brod (welches zuvor in dünne
Scheiben geſchnitten, in der Torten=Pfanne gelb=
lich geröſtet und hart geworden, nachdem klein
geſtoßen und durch ein florenes Läppchen ge=
ſiebet) darunter, aber nicht länger, als bis ſolcher
in der vorigen Maſſe ſich recht verrühret hat.
Dann gleich gebacken.

283. Kirſchkuchen.

Von 6 bis 8 Schock Kirſchen mache die Kerne
aus und lege ſie in eine Kaſtrolle, thue 2 Hände
voll geriebenes ſchwarzes Brod, $\frac{1}{2}$ Pfd. Zucker,
geſtoßenen Zimmt, Nelken und Zitronenſchaale
dazu. Menge alles durcheinander, ſchlage 10
bis 12 Eyer zu Schaum und vermiſche alles
unter die Kirſchen; ſtreiche alsdann alles auf
eine blecherne Schüſſel und laß es eine Vierthel=
ſtunde backen.

284. Sehr gute Semmeln zu backen.

Auf eine Metze Mehl nimmt man $\frac{1}{2}$ quart
Butter, 8 Eyer, Gelbes und Weißes, $\frac{1}{2}$ quart

Hefen und 1 quart guter Milch. Man schütte
das Mehl in eine Schüssel, lasse die Butter
schmelzen und gieße sie mit samt dem Salze ins
Mehl. Alsdann thue man die Eyer, welche zuvor gut in einem Topf geschlagen sind, dazu,
dann etwas Zitronen-Schaale, dann die Milch,
zuletzt die Hefe. Arbeitet es solange untereinander, bis der Teig sich vom Löffel ablöst, alsdann läßt man es eine Weile auf einer warmen
Stelle stehen, daß es gehen kann. Darauf
mache man nach Willkühr kleine Semmeln oder
große Brode daraus, bestreiche sie mit Gelb und
Weiß vom Ey, und lasse sie auf einem Blech,
welches zuvor gut mit Butter bestrichen ist, backen.

285. Zwieback zu backen.

Man nimmt den vorhergegangenen Semmel-
teig, macht längliche Brode daraus und läßet
sie backen. Wenn sie fertig sind, schneidet man
sie in Scheiben, bestreuet sie mit Zucker und läßet
sie nochmals auf beiden Seiten backen.

286. Recept zum Butter-Kuchen,
welcher ganz delicieuse ist vom Rath Jäger.

11 Pfd. Mehl,
5 Pfd. Butter,
$^1/_2$ Schock Eyer,

1 quart Milch,

1 ¼ quart Hefen,

1 ½ Pfd. Zitronat,

1 ½ Pfd. Roſinen.

³/₄ Pfd. Zucker, etwas Muskathen-Blüthe und etwas geſchälte Zitronen-Schaale,

1 ½ Pfd. Mandeln.

Man nimmt die Butter, zerläßet ſie, rühret die Milch und die Eyer, wenn ſie etwas abge= kühlet iſt, darunter. Alsdann rühret man das Mehl und die übrigen Ingredenzien dazu, und zuletzt die Hefe. Wenn der Praetzel aus dem Ofen kömmt, wird er ſo lange mit Butter be= ſtrichen wie er nur immer annehmen will, und

NB. das Mehl muß ganz trocken ſeyn, das heißet, ausgetrocknet, ſonſt iſt das Maaß nicht genung. Dieſer Kuchen ſchmecket erſt den andern Tag gut.

287. Eine Reistorte von Butterteig, ſo ſehr ſchön!

Man nimmt ½ Pfd. Reis, ½ Pfd. Zucker und 3 gute ſaftige Zitronen. Der Reis wird ge= kocht, doch ſo, daß er nicht gar zu mürbe wird und ganz bleibt. Dann wird er in ein Haarſieb gethan und 3 mal mit Waſſer abgeſchält bis ſolches ganz klahr darauf iſt. Die Zitronen werden

geſchälet, recht fein, und die Schaale fein und
länglich geſchnitten und in weißem Wein und
ein wenig Zucker mürbe gekocht. Nun wird der
Wein abgegoſſen und die Schaalen zu dem Reis
gethan. Solcher wird nebſt dem Zucker in eine
Kaſtrolle oder Tiegel gethan, der Saft von den
drei Zitronen darauf gedrückt und es dann eine
Weile zuſammen tüchtig ſchmohren laſſen, dann
hingeſetzt, daß es kalt wird. Nun macht man
einen Boden und Wand von Butterteig, thut
den Reis hinein; auch ſiehet es ſehr gut aus,
wenn man mit einer Rolle von dem Teig ſchneidet
und ſolche würflich darauf leget. Auch thut ein
Kreuz daſſelbe, dann mit Eyern beſtrichen und
gebacken.

288. Kleine Samt-Kuchen.

½ Pfd. Butter geſchmolzen, alsdann gerieben und ½ Pfd. Zucker drin, Muskatenblüthe
und Zimmt nach Belieben, und dann ſo viel Mehl
zugerührt, bis ſie ſteif wird. Acht Eyer, welche
aber gleich mit eingerührt werden; dann werden
kleine Kuchen in der Hand gemacht, auf mit
Butter beſchmiertes Papier gelegt und ſo in den
Ofen geſetzt.

289. Blaſen-Kuchen.

1 Pfd. Butter, 1 Pfd. Waſſer, dieſes ſetzet
man zuſammen auf das Feuer; wenn es kochet,

thut man ein Pfd. Mehl daran, rührt es so lange
bis es dick wird; wenn es nun wieder kalt ge=
worden, schlägt man 1 Mandel Eyer und 8 Loth
Zucker, desgleichen Muskatenblüthe und Zimmt
darin; dann schmieret man Papier mit Butter leget
klein gemachte Küchlein von obigem Teig darauf
und setzt es in den Ofen.

290. Süster=Kuchen.

1 Pfd. geschmolzene Butter, ½ Metze Mehl,
½ quart Milch, 8 Eyer; der Teig muß so feste
seyn wie ein Napfkuchen=Teig, ½ Loth Karda=
mums ½ Loth Muskaten=Blüthe, von einer
Zitrone die Schaale, 2 Thee=Köpfe gute Bärme,
dieß zusammen abgequirlt, in eine Napfkuchen=
Form, oder Kastrolle gethan, so daß die Form
halb voll wird; denn läßet man es gehen und
wenn sie beinahe voll ist, dann nach dem Back=
ofen.

NB. So kann man auch den Napf=Kuchen
traktiern, aber Rosinen und geriebene Mandeln
müssen dazu genommen werden, und der Teig
muß etwas steifer seyn.

291. Trichter=Kuchen.

Man nimmt 8 Eyer zu einer Schüssel voll und
quirlet sie mit einer Portion Mehl; dann nimmt

man 1 quart verschlagene Milch, gießet sie darunter, nebst ¼ quart Zucker, 2 abgeriebenen Zitronen, Muskaten-Blüthe, ½ Loth Kardamums und um 6 Pf. Orangen-Wasser. Der Teig muß nicht zu dünn seyn wenn er durch den Trichter läuft; dann nimmt man 1½ Pfd. Schmalz oder 2 Pfd. abgeschmolzene Butter, die läßt man auf dem Feuer kochen, dann thut man den Teig in den Trichter und läßt ihn in das heiße Fett laufen, rund um so groß und klein man sie haben will. Wenn die Kuchen braun seyn, nimmt man sie heraus und lässet frische hinein laufen.

292. Hierschzweige.

Die Hierschzweige werden ebenso gemacht, wie oben erwähnter Kuchen, nur daß der Teig etwas weicher seyn muß, und daß diese braun seyn müssen und jene weiß; der Teig wird auch hierzu nicht so dünn gemangelt.

293. Kaiser-Kuchen.

Man nimmt 1¼ Pfd. Butter, schmelzet sie ab und gießet sie in eine Schüssel, reibet sie so lange, bis sie zu Schaum wird; dann nimmt man das Gelbe von 11 Eyern und thut es dazu, nebst ½ Loth Nelken, ½ Loth Kardamums, 1 Loth Zimmt und 2 abgeriebenen Zitronen.

Das Weiße wird zu Schaum geschlagen, und dann thut man es auch darunter nebst 1 Pfd. Kraft-Mehl, 1 Pfd. Zucker, dieß rühret man gut durcheinander und schüttet es in die Form, und so in den Ofen.

294. Linzer-Kuchen.

Zu ¹/₂ Pfd. Mandeln, welche abgezogen und gestoßen werden, aber nicht zu fein, kommen unter fortwährendem Stoßen 5 hartgesottene Eyer-Dotter. Diese werden sehr gut mürbgestoßen. Dann ¹/₂ Pfd. Mehl auf einen reinen Tisch oder Fisch-Brett geschüttet, ¹/₂ Pfd. ausgewaschene Butter gut damit verarbeitet; dann ¹/₂ Pfd. Zucker, von einer Zitrone die Schaale fein geschnitten, von einer halben den Saft, und dann zuletzt die Mandeln, und so brav zusammen gearbeitet. Aber kein Mehl wird weiter nicht dazu genommen, als was zum austreiben nöthig ist. Alsdann werden kleine Küchelchens verfertigt, so mit Eyer-Dotter, wo nur einige Tropfen Sahne darunter sind, bestrichen werden, alsdann werden sie bei gelinder Hitze gebacken und dann füllet man sie nach Belieben.

295. Mandel-Torte.

1¹/₄ Pfd. süße Mandeln, ¹/₄ Pfd. bittere, welche abgebrüht und gerieben werden, 1 Pfd. Zucker;

wenn man gerne fehr füße ißet, auch ¼ mehr,
die Schaale von 2 Zitronen, ½ Loth Kardamums,
32 Eyer, wo von 15 das Weiße zurück bleibt.
Das Weiße aber von denen 17 übrigen wird zu
Schaum geschlagen, und zuletzt alles zusammen
gerühret. Die Form wird mit geschmolzener
Butter beschmiert, mit Semmel bestreut und bald
in den Ofen gesetzt.

296. Hohlhippen zu backen.

Man schlägt 1 Ey in einen Topf und thut
dazu ohngefähr ¼ Pfd. gestoßenen Zucker; dieses
schlägt man zusammen bis der Zucker geschmolzen
ist, dann thut man eine gute Hand voll Mehl
dazu, und gießet ohngefähr 1 ½ Mäßel Sahne
dazu, aber nach und nach; vor der Sahne schlägt
man den Teig recht klahr. Dann läßet man das
Eysen warm werden, und beschmieret es das
erste mal mit geschmolzener Butter, und probieret
den Teig, ob er auch etwan zu dick ist, denn er
darf nicht dicker seyn, wie eine sehr gute Sahne.
Die Hohlhippen müssen so klahr seyn, daß sie
löchrich durchscheinen; das Eisen muß aber immer
gut mit einem Messer rund herum abgeschält
werden, weil sonst der Kuchen feste sitzet, und
muß man etwas beym Aufwickeln rasch seyn,
weil der Kuchen gleich steif wird; am besten

gehet es, wenn man das letzte Ende beim Aufwickeln noch feste sitzen läßet. Man setzet sie
an einen warmen Ort, damit sie warm bleiben.

297. Schaum zu den Hohlhippen.

Auf 2 Salatièren nimmt man 2 quart Sahne
so gut man sie nur immer machen kann, thut
dari nein Stück Zucker, und etwas klein gestoßene
Vanille; wenn solches mit einer Ruthe 16 bis
20 mal geschlagen, dann läßet man es wenige
Augenblicke stehn, daß der Schaum sich setzet,
alsdann nimmt man ihn mit einem großen silbernen
Löffel ab und thut ihn in eine Schüssel. Und
damit führt man so lange fort, bis die Sahne
alle ist. Dann leget man den Schaum auf die
Salatière, und schlägt die Sahne, die sich nach
unten gesetzt gleichfalls; der Schaum kann 3 bis
4 Stunden stehn, auch wohl einen Tag, wenn
er auf der Salatière glatt und zur Verschönerung
bunt gemacht ist.

298. Sahn-Kuchen.

½ Pfd. geriebener Zucker, 1 Loth Kaneel,
¼ Loth Muskaten-Blüthen, ¼ Loth Kardamums,
für 6 Pf. Sahne, welches 2 gute Thee-Köpfe
voll ausmacht, 3 Gelb vom Ey. Dieses wird
zusammen in einem Topf gequirlt, soviel fein

Mehl dazu gethan, daß ein fester Teig davon wird. Dann nimmt man 1 Pfd. Butter, welches des Abends vorher eingewässert worden und durch ein Tuch wohl ausgedrückt ist, und mangelt den Teig wohl damit durch. Dann machet man einen runden Kuchen, etwa einen Finger dick, davon, und läßet ihn auf einer blechernen Platte recht hart backen, so daß er springt, wenn man ihn schneidet. Der Kuchen muß wenigstens 2 Std. backen, damit er durch und durch hart ist, wenn er aus dem Ofen kommt.

299. Sand-Torte.

1 Pfd. Zucker, 1½ Pfd. Mehl, 1 Pfd. Butter so aber nicht zu salzig und 16 Eyer. Die Butter wird zu Sahne gerieben, und der Zucker dazu gethan, und unter Rühren immer 2 Löffel Mehl und 2 Eyer, jedoch ohne Weißes dazu gethan, von 3 Eyern kömmt es aber mit in den Kuchen. Dann reibet man unter beständigem Rühren (denn je mehr er gerührt wird, je besser wird er) von einer Zitrone die Schaale, und Muskaten-Nuß dazu. Die Form muß mit geschmolzener Butter ausgeschmiert und mit Semmel gut bestreut werden, auch sogleich in den Ofen.

Ich nehme anstatt Mehl, 1½ Pfd. Puder oder Stärke.

300. Hamburger Waffeln.

1 Pfd. Mehl, 16 Loth Zucker, 14 Loth Butter, 2 Loth gestoßenen Zimmt, 2 Eyer; mache hiervon einen Teig folgender Art. Schütte das Mehl auf ein Brett, mache in der Mitte ein Loch darin, schlage die Eyer, rühre den Zimmt, den geriebenen Zucker und dann die Butter und das Mehl, bis es ein steifer Teig wird, mache davon runde Kugeln wie eine Wallnuß und backe selbige in einem runden, krausen Brod-Eysen, welches zuvor heiß und mit einem Läppchen, worin Butter gelegen, beschmiert worden. Man muß es auch nicht ganz zudrücken, damit sie nicht zu dünn werden.

301. Zucker-Waffeln so 4 Wochen dauern.

1½ Pfd. Mehl, 3 Pfd. Butter, 28 Loth Zucker, 4 Eyer, drey Löffel voll Rosenwasser, ein wenig Salz, viel gestoßenen Zimmt, klein gestoßene Mandeln und etwas Kardamums. Mache den Teig wie zu den Hamburger-Waffeln und backe sie auf selbige Art.

302. Recht gute Waffeln.

Acht ganze Eyer, ¼ quart warme Milch, 15 silberne Löffel voll geschmolzene Butter, 20 Löffel voll gut Weizen-Mehl und 2 Löffel

voll gute Weiß=Bier=Bärme. Sie können 2 gute
Stunden gehen an einem etwas warmen Ort.
Wenn man will, kann man auch Zitronen=Schaalen
und etwas Muskaten=Blumen daran nehmen.

303. Orange=Kuchen.

1 Pfd. Mehl, und 1 Pfd. Zucker thut man zu=
sammen auf einen reinen Tisch, macht in selbigem,
den Haufen, eine Höhlung, worinnen man 3 ganze
Eyer, und von 3 das Gelbe schlägt. Wenn das
geschehen, thut man $\frac{1}{2}$ Pfd. ausgewaschene
Butter, von einer Zitrone die Schaale, fein ge=
schnitten oder gerieben, und 3 hölzerne Löffel
voll Orangen=Wasser dazu. Dieses wird so lange
geührt, bis es mit der Butter eben ist; alsdann
wird es mit einer blechernen Form ausgestochen
und auf Papier so mit Mehl bestrichen, gesetzt,
aber nicht dichte beisammen und dann in den
Ofen; sie dürfen aber nicht zuviel Feuer haben.

304. Blasen=Kuchen.

12 Loth Butter und 12 Loth Wasser werden
in einer Kastrolle gekocht, man nimmt dieß, wenn
es gekocht, vom Feuer, und rühret hurtig 19 Loth
Weitzen=Mehl darunter. Wenn dieses nun zu=
sammen eben gerührt, so thue man 6 vorher
gut gerührte Eyer dazu, und rühre einen ebenen

12*

Teig, alsdann mache man eine Torten-Form warm, wo aber in der Mitte kein Feuer seyn muß, sondern nur um den Rand. Alsdann nimmt man mit einem Löffel soviel wie etwa ein halb Ey groß, so viel Portionen wie in die Form hinein können, und backet es gelblich. Hierüber wird Zitronen-Schaale und Zucker gerieben; man kann auch ein wenig Alaun in den Teig nehmen.

NB. Die Form wird weder mit Butter beschmiert, noch mit Papier belegt.

305. Gelb-Rüben-Kuchen.

Man nimmt röthliche, gelbe Rüben, reibet dieselben, nimmt Muskaten-Blüthe, Eyer, kleine Rosinen, ein wenig Mehl, etwas Zucker, und backt es wie einen Eyer-Kuchen.

306. Ein anderer dito.

Man nimmt 6 Stück große gelbe Rüben, kochet selbige gahr, und reibet sie. Dann nimmt man für 6 Pf. Semmel, 6 Eyer, doch nur von 3 das Weiße, eine Hand voll Mandeln, Zucker bis es süß genung, $1/4$ Pfd. geschmolzene Butter, Korinthen eine gute Hand voll, Kardamums und Kaneel nach Belieben, einen Löffel voll Rosen-Waffer und 6 Löffel voll Sahne. Danach wird es in eine mit Butter beschmierte Form gethan,

und unten und oben Feuer gegeben, zuletzt wird
es mit geriebener Semmel und Zimmt bestreut;
es können auch kleine Kuchen daraus gemacht
werden wie die Makronen seyn.

307. Schaum-Kuchen oder Schnee-Balle,
oder Spansche Winde.

Man nimmt 10 Weiß vom Ey, hierauf werden
6 Loth Zucker gerechnet, welcher gerieben wird,
und Vanille nach gutdünken. Wenn die Eyer
zu Schaum geschlagen sind, wird ganz zuletzt
der Zucker sehr geschwinde herunter gerührt, und
so werden Häufchens auf ein Blech, welches
vorher gut mit Löschpapier abgerieben worden
ist, nachdem es fürhero mit Mehl bestrichen war,
gethan, und dann wird mit einem silbernen Löffel
eine Höhlung darin gedrückt, wo nachher nach
gutdünken, wenn sie aus den Ofen kommen,
Wein-Crême oder Eingemachtes, auch Schaum
von sauerer Sahn gethan wird. Sie müssen
aber wenigstens zwey Stunden im Ofen stehn,
damit sie recht austrocknen; sie dürfen aber nur
gelblich werden, — sie können auch drey Stunden
im kühlen Backofen stehn.

308. Pracher-Kuchen.

Schwarz-Brod wird gerieben, und Zucker und
Zimmt daran gethan; dann wird ein Tiegel mit
Butter ausgeschmiert, und eine Lage von dem

Brod, dann eine Lage in Scheiben geschnittene
Aepfel und Butter, dann wieder Brod, wieder
Aepfel und Butter, und wieder Brod hineinge=
legt. Das wird zusammen gedrückt und muß
über eine Stunde backen.

309. Napf=Kuchen.

Nimm 8 Eyer, etwas Milch, ein ganz Theil
geschmolzene Butter, 1/2 Loth Muskaten=Blume,
geriebene Mandeln, wenn du willst auch klein
und große Rosinen, beides zusammen, 1/2 quart
Weiß=Bier=Bärme, vordem schmiere die Form
mit Butter; ohngefähr halb voll mußt du sie
gießen, wenn der Teig dann meistens so hoch
gegangen, wie die Form ist, so schicke es nach
dem Ofen.

Auf 1 Metze Mehl nehme ich 1/2 Pfd. Butter,
1/2 Pfd. Zucker, 1 Pfd. Rosinen, 1/2 Pfd. ge=
stoßene Mandeln, 1/2 quart Milch, 12 ganze
Eyer, 1/2 quart Weißbier=Bärme, Zitronen=Schaale,
und Muskatennuß. Die Form muß sehr fett
ausgeschmiert werden.

310. Recept zu einem Butterkuchen.

2 3/4 Pfd. Mehl,
1 1/4 Pfd. Butter,
1/4 quart Milch,
1/4 quart Hefen, etwas drüber.

¼ Pfd. Citronat.   8 Loth Zucker.

¼ Pfd. Rosinen.   Zitronen=Schaale.

¼ Pfd. Mandeln.   Muskaten=Blüthe.

6 Stück Eyer.

Dieses sehr reichlich

So wie Nr. 287, nur mit dem Unterschied, daß ich, wenn der Kuchen aus dem Ofen kömmt, die Butter weglasse und ich das Mehl nehme, wie es vom Händler kömmt; ehe ich ihn in den Ofen thue, bestreue ich ihn mit würflich geschnittene Mandeln und Zucker. Ich lasse den Kuchen auf's Brett gehen.

Nr. 287 giebt 4 Kuchen.

311. Kanapés!

Semmel wird in feine Scheiben geschnitten und in Butter geröstet; dann wird gekochtes Gelb vom Ey mit Essig und Oehl und viel Schnittlauch untereinander gerühret und ziemlich dick darauf geschmieret. Und dann werden Sardellen darauf gelegt.

Man macht sie auch auf folgende Art:

Die Semmel wird nur sehr weich geröstet und frische Butter darauf geschmieret. Dann werden die Sardellen darauf geleget und zwischen die Sardellen fein gehackte Kapern und Schnittlauch. Dann Essig und Oehl darüber.

312. Eine sehr gute gebackene Milch.

Auf ein quart Sahne werden 8 Eyer-Dotter genommen; die Sahne wird erst mit etwas Zitronenschaale abgekochet; die Eyer-Dotter in einen Topf gut gequirlet, die Sahne dazu gethan, nebst gar wenig Salz und etwas Zucker, und alsdann auf eine Schüssel gegossen, so auf eine Kastrolle mit kochendem Wasser gesetzet wird, worunter man etwas Kohlen hält, damit es sachte beim Kochen bleibet. Alsdann werden Weißbrod 8 Scheiben in Butter bräunlich gebrathen und von der Milch gut voll darauf geleget, mit etwas Johannisbeer- oder Himbeer-Saft, nach Belieben auch mit Zucker und Zimmt bestreuet.

Gelées, Compots, Gefrorenes.

313. Zubereitung des Aepfel=Gelée.

Man nimmt 2 Metzen Aepfel, die Hälfte
Reinetten, die andere Hälfte Rostöcker, schält sie
ab, nimmt die Kerne mit denen Herzen heraus
und schneidet sie in 4 Theile. Die Flecke, die
nach dem Abschälen sich noch an den Aepfeln
finden dürften, müssen sorgfältig ausgeschnitten
werden. Die zerschnittenen Aepfel werden so=
dann in einen Kasserol=Kessel gethan und so viel
Wasser darauf gegossen, daß es über dieselben
steht und fast bis zu einem Mus gekocht, während
dessen sie aber nicht umgerührt werden müssen.
Sodann kommt das Mus in einen weiß flanelle=
nen trichterförmigen Sack, durch welchen es sich
filtriren muß, und zwar ohne es im geringsten
zu drücken. Zu diesem Filtriren gehören gemeinig=

lich 24 Stunden. Den durchs Filtriren erhaltenen Saft wiegt man, und so viel er an Gewicht hat, ebenso viel Zucker an Gewicht nimmt man. Diesen Zucker thut man in den Konfeckt-Kessel, gießet Wasser hinzu und läßet ihn kochen, reinigt ihn mit dem Weißen vom Ey und schäumt ihn ab; wenn dann der Zucker so lange gekocht hat, bis daß er Perlen giebt, so gießet man den erhaltenen Aepfel-Saft hinzu und läßt es auf etwas starkem Feuer, jedoch immer auf Kohlen kochen, damit es weiß bleibt. Wenn es nun so lange gekocht hat, daß man vermuthen kann, daß es anfängt gallertartig zu werden, welches sich nach dem Feuer und nach der mehr oder weniger wässrigen Beschaffenheit des Saftes richtet; so wirft man ganz schmal geschnittene Streifen von Zitronen-Schaalen, die zuvor in Wasser weich gekocht und sauber nachher abgetrocknet sind, dergestalt, daß keine Feuchtigkeit an denselben zu spüren ist, hinein und von derselbigen Zitrone muß zu gleicher Zeit der Saft in den Kessel getröpfelt werden. Die Zironen-Kerne aber müssen heraus bleiben. Wenn es nun hiemit so lange gekocht hat, daß es gallertartig an einem eingetunkten Löffel kleben bleibt, so ist es zum Anrichten fertig. Man kann auch zu 1 Pfd. Saft $^3/_4$ Pfd. Zucker nehmen, wenn es nicht so süße seyn soll; aber alsdann wird's nicht so klahr.

314. Borsdorferäpfel mit Gelée.

Schäle die Aepfel und schmohre sie in Wasser und Wein; thue dazu Zitronenschaale und ein gutes Stück Zucker. Wenn sie gahr sind, nimm sie heraus und laß die Brühe noch eine Weile kochen, wenn du zuvor noch etwas Zucker drein gethan hast. Laß die Brühe kalt werden, dann wird es Gelée. Richte die Aepfel in einer Assiette an, streich mit einem Löffel das Gelée aus und leg es drauf herum. Mit Birnen kann man es auch so machen; nimm aber statt des weißen Weins rothen dazu.

315. Holzäpfel-Gelée.

Die Aepfel werden in 4 Theile geschnitten, und das Kerngehäuse weggenommen, man kocht sie mit sehr wenig Wasser; und wenn sie recht eingekocht sind, werden sie durch einen Sack gepreßt; der Saft bleibt über Nacht stehen.

Auf 3 quart Saft nimmt man 1 Pfd. Zucker, der aber vorher zerstoßen und mit ein klein wenig Wasser auf dem Feuer zerlassen wurde. Alsdann wird der Saft hinzugegossen und so lange gekocht und gerührt, bis er ein rechtes Gelée ist. Alsdann gießt man es in eine tiefe Schüssel, damit man Scheiben davon schneiden kann.

Es ist ein kühlendes, labendes, erquickendes Labsal für Kranke, die große Hitze haben.

316. Holz-Aepfel-Gelée auf andere Art.

Man nimmt Holz-Aepfel, nimmt den Griepsch heraus, thut sie in einen Topf, gießet so viel Waſſer darauf, daß es überſteht und läßet die Maſſe halb einkochen. Dann nimmt man die Maſſe, preſſet sie rein aus und läßet sie die Nacht zum Klähren stehen. Den anderen Morgen gießet man das Klahre ab, rechnet auf ein quart Saft 6 Loth Zucker, und dieß läßet man wohl geſchäumet einkochen.

317. Gelée zu Aepfel-Compot.

Die Aepfel-Schaalen werden mit Waſſer aufgeſetzt, gut gekocht, durchgegoſſen und mit Zucker, Zimmt, Zitronen-Schaalen und Wein steif gekocht; auf einen Teller gegoſſen und wenn es kalt über die Aepfel gelegt.

318. Holzäpfel-Gelée.

Eine ganze Menge Aepfel werden in einen Topf geſchüttet und so viel Waſſer, daß es überſtehet, darauf. Dieß muß, zugedeckt, so lange kochen bis nur noch einige quart darauf bleiben. Dieser Saft wird nun abgegoſſen, die Aepfel aber in ein Tuch gethan und angehangen, damit sie auslaufen, welcher Saft der beste ist. Auf

das quart rechnet man ³/₄ Pfd. Zucker, dieser
wird bloß dazu gethan und muß beides so lange
kochen bis ein steifer Gallert daraus wird, den
man schneiden muß. So gießet man ihn in
Gläßer. Mama hat ihn auf Suppen=Teller ge=
gossen, worauf er sich mehre Jahre gehalten.
Es geht aber auch in Gläßer zu thun, welches
auch sehr gut ist. Besonders schön ist dieses zum
auspuzen der Kuchen als Wiener=Torten.

319. Zitronen=Gelée.

Man nimmt ½ Pfd. Hirschhorn und 2 quart
Wasser und läßet es zusammen sehr langsam
auf gelindem Feuer kochen, bis es etwas über
⅛ Theil eingekocht ist. Alsdann setzet man solches
an einen kalten Ort bis es klahr ist und sich
alles gesetzt hat. Den andern Tag nimmt man
das Klahre ab und thut dazu: 1 quart Rhein=
Wein und ein gut Glaß Kanarien=Sekt und
schläget das Weiße von 3 Eyern zu Schaum
und etwas fein gestoßenen Zucker; alsdann thut
man alles zusammen, rühret es wohl unter ein=
ander und thut es auf ein mittelmäßiges Feuer,
rühret es beständig und thut dazu den Saft von
6 Zitronen und die Schaale von einer, läßet es
einmal aufkochen und gießet es durch einen Gelée=
Beutel.

320. Zitronen-Pape.

Ein Bier-Glaß voll guten Wein, von 3 Zitronen den Saft, von 2 die Schaale, 6 Loth Zucker, 4 Eyer-Dotter. Dieß wird unter beständigem Rühren auf's Feuer gesetzt, dann in der Schüssel angerichtet und kalt werden lassen. — Dieß würde sich gut schicken die Schaum-Kuchen Nr. 308 zu füllen.

321. Geschmohrte Aepfel oder Birnen.

Man schälet die Aepfel ab und leget sie in einen Schmohrtiegel und spickt sie mit Nelken. Alsdann ein wenig Wasser, Zimmt, abgeriebene Zitrone und Wein und ein ganz Theil weißen Zucker. Der Zucker wird etwas braun gebrathen.

322. Aepfel à la Crême.

½ Pfd. Bisquit, ½ Pfd. bittere Makronen, ¼ Pfd. Zucker, von 1 Zitrone die Schaale, ½ Loth Zimmt und 1 Ontzel Sahne (so viel als ½ quart nach Berliner Maaß). Dieß eingethan, daß es weich wird. — ¼ Pfd. Butter wird abgeklährt und zu Sahne gerührt, dann schlägt man 10 ganze Eyer nach und nach zu, dann das andere nach und nach alles zugethan, und durch einander gerührt. — Alsdann werden Borsdorfer Aepfel geschält, ausgehöhlt und mit eingemachtem Kirsch-

fleisch oder andern Früchten gefüllt, in die Form
gesetzt, welche schon gut mit Butter ausgeschmiert,
und mit geriebener Semmel bestreut ist, und
dieses darüber gegossen und dann gebacken. —
Diese Mehlspeise fällt nicht. —

323. Quitten-Schaum.

Siede Quitten durchgeschnitten ganz weich in
Wein; nimm die Körner samt der Schaale heraus
und streiche sie durch einen Durchschlag. Zu
2 Würtenberger Quitten 2 oder 3 Eyer-Dotter;
dieß eine halbe Stunde gerühret, das Eyweiß
zu Schnee geschlagen; dieß eine Stunde zu
Schaum gerühret und auf eine Schüssel, so mit
Butter ausgeschmieret, gethan; ein Rand aufgesetzet und im verschlagenen Ofen gebacken.

324. Compot von Birnen.

Man schälet ein halb Schock Birnen, welche
noch nicht ganz weich sind, und kocht sie in einer
Kastrolle mit 1 quart Weißwein, $\frac{1}{2}$ Pfd. Zucker
und einem Stück Zimmt weich. Dann werden
sie in eine Assiette gelegt. Die übrige Sooße
muß ganz kurz einkochen, dann wird sie warm
über die Birnen gegossen.

325. Compot von Aprikosen.

Man nimmt ein halb Schock Aprikosen, wenn sie noch etwas hart sind, schneidet sie voneinander, legt sie in eine Kastrolle, gießt etwas Sekt darauf, thut Zucker nach Belieben dazu und läßt sie eine Viertelstunde recht rasch kochen. Dann werden sie auf einer Assiette angerichtet. Etwas feinlich geschnittene Zitronen-Schaale wird in Wein kurz und weich gekocht und über die Aprikosen gegossen.

326. Compot von Pflaumen.

Aus den Pflaumen werden die Kerne gemacht, dann mit gestoßenem Zucker aufgesetzt, und so läßt man sie eine halbe Stunde langsam kochen. Man richtet sie dann auf in Butter gerösteten Semmelscheiben oder auch so an, kalt oder warm.

327. Compot von Kirschen.

Die Kirschen werden abgestielt, die Kerne herausgemacht und mit Zucker rasch eingekocht. Auf Zucker abgeriebne Zitronenschaale wird dann darüber gestreut.

328. Compot von Mispeln.

Man läßt die gesäuberten Mispeln in brauner Butter in einer Pfanne braun werden. Wenn

sie gahr sind, giebt man ein halb Mäßel rothen
Wein hinzu, kocht alles dick und serviert sie, mit
Zucker bestreut.

329. Stachelbeeren zum Brathen.

Man nimmt unreife Stachelbeeren, putzt von
selbigen die Stiele und alles Unreine ab, und setzt
sie blos mit Zucker auf. Sie geben von selbst
hinlänglichen Saft. Sind sie eingeschmohrt genung, bestreut man sie beym Anrichten mit Zucker
und Zimmt.

330. Compot von Aepfeln.

Man schält Borsdorferäpfel, legt sie auf eine
Schüssel, einen neben dem andern, gießt weißen
Wein darauf, thut kleine Rosinen und etwas
Zimmt dazu, bestreut sie mit Zucker und backt
sie langsam unter einer Tortenpfanne.

331. Compot von Aepfeln auf andere Art.

Ein halb Schock Borsdorfer Aepfel werden
geschält und diese Schaalen ohngefähr eine
Stunde in Wasser gekocht. Dann kocht man die
Aepfel mit drey Vierthelquart weißen Wein, dem
Wasser von den Schaalen, dem Saft von einer
Zitrone, einem Quentchen Zimmt und genügend

13

Zucker in einer Kaſtrolle. Sobald ſie weich ge=
nung, werden ſie heraus genommen und trocken
in eine Aſſiette gelegt. Die Brühe muß dicklich
einkochen. Thut man etwas auf einen zinnernen
Teller und es gallert, ſo gießt man das Ganze
auf einen Teller, ſtreut länglich fein geſchnittene
Zitronenſchaalen darauf, läßt es erkalten, ſchneidet
es in Stücke und belegt das Compot damit.

332. Aepfel à la Dauphine.

Man nimmt 12 Borsdorfer Aepfel, ſchälet
ſie und ſticht den Kern aus, rangieret ſie in einen
Rand und füllet die Aepfel mit Eingemachtem.
Dann macht man einen Guß von Mehl, Ey=
gelb, Milch, Zucker, Zimmt, Citronat, Orangen=
Schaalen, 4 bitteren Makronen. Das Weiß vom
Ey zu Schnee darunter. Dieß wird auf dem
Feuer abgerühret, über die Aepfel gegoſſen und
gebacken.

333. Gefrornes von Himbeeren.

Man nimmt 1 Pfd. Zucker, Berliner Gewicht,
thue es in eine Kaſtrolle, gießet 2 Waſſer=Gläßer
voll Waſſer darauf und läßet es 20 Minuten
gut kochen. Dann abgenommen und kalt werden
laſſen. Dann nehme man ein nicht ganz volles
Waſſerglaß friſchen Himbeerſaft, gieße ihn unter
den Zucker und dann in eine blecherne oder

zinnerne Gefrornes-Büchse gegoſſen. Dann hat
man eine Art hölzernes Gefäß, ohngefähr wie
ein Pferde-Eimer, darinnen ſind Löcher gebohrt.
Hierinnen wird die Büchſe geſetzet und nun rundherum klein gehacktes Eis und Salz geſchüttet;
je mehr Salz, je mehr und eher frieret es. Darinnen wird die Büchſe immer gedrehet; ſobald
es aber anfängt, in der Büchſe ſich anzuſetzen,
muß es gleich abgeſtoßen und tüchtig untereinander gerühret werden. Will man es anrichten,
ſo darf die Büchſe nur einen Augenblick in warm
Waſſer gehalten werden und ſo in die Salatière
geſtürtzet.

334. Gefrornes von Erdbeeren.

Iſt juſt wie die Himbeeren.

335. Gefrornes von Kirſchen.

Der Zucker wird wie bey den Himbeeren geſchmolzen. Auf 1 Pfd. Zucker nimmt man einen
guten gehäuften Teller ſaure Kirſchen, ſtößt ſie
mit den Kernen recht fein, läßet es einige Stunden
ſtehen; dann ſchläget man es durch ein Hand-
tuch, dann der Saft unter den kalten Zucker und
dann frieren laſſen.

336. Gefrornes von Zitronen.

1 Pfd. Zucker wird, wie bewußt, geſchmolzen.
Dann von 3 Zitronen die gelbe Schaale recht fein

abgeſchälet in eine Schüſſel gethan, dann kochenden Zucker darauf gegoſſen, und etliche Stunden ziehen laſſen. Dann den Saft von 8 Stück Zitronen darunter gethan und frieren laſſen.

337. Gefrornes von blauem Mohn.

Man rechnet 1 quart gute ſüße Sahne, ¼ Pfd. Zucker. Laſſe es kochen, dann ſtoße man eine gute Taſſe voll Mohn recht fein, quirle 8 Eyer-Dotter damit ab und thue es wieder etwas auf's Feuer. Dann abgenommen und durch ein Haar-ſieb geſchlagen.

338. Gefrornes von Makronen.

Man nehme 1 quart ſüßer Sahne, ¼ Pfd. Zucker; laße es nebſt ¼ Pfd. fein geſtoßener bitteren Makronen kochen und quirle es mit 8 Eyern ab. Dann frieren laſſen.

339. Gefrornes von Maraſchino.

Auf 1 quart Sahne nimmt man 8 Eyer und Zucker nach gutdünken. Wenn es in der Büchſe iſt, gießet man ohngefähr einen Löffel Maraſchino dazu. Das Gefrorene aber von Vanille, Mandel-Blätter oder Orangen-Blüthen laße ich mit der Sahne kochen. Der Maraſchino wird erſt, wenn die Sahne schon halb gefroren ist, zugegossen, weil dieß ein Spiritus. Uebrigens wird die Sahne wie bey den übrigen abgekocht.

340. Gefrornes von eingemachten Säften.

Der Zucker wird zu den Säften von allen möglichen Früchten geschmolzen wie in Nr. 334 besagt ist. Nur von den eingemachten Säften, wo schon Zucker bey ist, wird auf zwei Gläßer Wasser nur ¼ Pfd. Zucker genommen, und nur ¼ quart Saft.

341. Sahngefornes von Schaum.

Siehe den Schaum zu den Hohlhippen. Dann nimm eine blecherne Büchse, thue es hinein und stelle es in Eiß. Dieß friert sehr leicht, es darf nur 2 bis 3 mal gut untereinander gerührt werden, wenn man es eine Zeit wieder hat stehen lassen.

342. Zitronen-Gefrornes auf eine andere Art.

Es wird 1 Pfd. Zucker genommen und bis zum Fliegen gekocht. Alsdann 8 Zitronen und 1 quart Wasser. 4 von den Zitronen werden abgerieben und in dem Zucker mitgekocht. Die andern 4 aber fein geschälet und in dem quart Wasser gekocht. Wenn nun der Zucker gut, wird von den 8 Zitronen der Saft dazu gedrücket, zu dem Wasser gethan und gefrieren lassen.

343. Gefrornes von Orangen=Blüthe gekocht.

1 quart Sahne gekocht, dann 8 Eyer=Dotter recht gut abgerühret mit ein wenig kalter Sahne; dann unter die kochende Sahne gethan und aus= kochen lassen. Dann durch ein Tuch geschlagen und kalt werden lassen. Dann nimmt man eine Hand voll Orangen=Blüthe, thut sie in einen Mörser, gießet ein wenig Sahne dazu und stößet sie ganz klein. Dann drücket man sie durch ein Tuch, thut das Durchgeschlagene unter die Masse, und so ist es fertig zum gefrieren.

344. Gefrornes von Lüttwitzens.

Zu 2 quart Gefrorenem nimmt man 6 Zitronen, 1 1/2 quart Wasser, ohngefähr 1/2 quart Saft und 1/2 Pfd. Zucker. Der Zucker wird wie gewöhn= lich bis zum Spinnen gesotten bis auf einige Stücke, worauf die Zitronen abgerieben werden. Diese thut man in das vorgeschriebene, schon ge= kochte Wasser und läßet damit den Zucker auf= kochen. Wenn es vom Feuer kommt, gießet man den Erdbeersaft, sowie den Saft der 6 Zitronen darauf. Ist nun alles ganz kalt und in der Büchse, so wird so viel Alkermes=Saft*) darunter gegossen, bis es die Farbe der Erdbeeren hat.

---

*) Alkermes: Saft zum Roth=Färben.

Gießet man den Alkermes aber zu, wenn es noch
heiß, so wird es anstatt roth, lila.

345. Gefrorenes von Chaudeau.

$3/4$ Pfd. Zucker werden zum Spinnen gesotten.
Von 6 Zitronen wird die Schaale abgerieben,
dann $3/4$ quart heißes Wasser darauf gegossen;
nun vom Feuer, daß es kalt wird. Nun schläget
man in eine Kastrolle 6 Gelb vom Ey, thut dazu
den Zucker mit dem Wasser, nehmlich nach und
nach, damit es gut gequirlet wird, dann den Saft
der 6 Zitronen nebst $3/4$ quart Rhein= oder guten
Franz=Wein. So wird es kalt unter beständigem
starken Rühren auf Holzfeuer gesetzt. Wenn es
nun dicklich wird und sich zu heben scheinet,
alsdann geschwinde abgenommen und noch eine
Weile tüchtig in der Büchse gequirlet, damit es
nicht gerinnet.

346. Gefrornes von saurer Sahne.

Die dicke saure Sahne wird abgeschöpfet und
ganz klahr gerühret. Alsdann dazu abgeriebene
Zitronen=Schaale und Zucker gethan. Dieß kömmt
roh in die Gefrornes=Büchse.

347. Gefrornes von Sahn=Schaum.

Siehe Nr. 298. Ich glaube, auf diese selbige
Art kann auch der saure Sahn=Schaum gemacht
werden.

Eingemachtes und einige andere Recepte.

348. Kirsch=Essenz in Wasser.

Die Kirschen werden gestoßen und durchge=
drücket, der Saft kocht eine kleine Viertheil=
Stunde ohne Zucker; dann wird der Zucker in
Brunnenwasser eingetaucht, welches auf die Metze
2 Pfd. seyn soll, und läßet man es $^3/_4$ Stunden
kochen. Auch nimmt man einen Theil der aus=
gemachten Kerne, wickelt sie in Leinewand und
läßet sie mit den Kirschen, ehe der Zucker dazu
kömmt, $^1/_4$ Stunde kochen. Wenn der Saft kalt
ist, wird er in Flaschen gefüllet und zugepicht.
Ich stampfe die Kirchen, wenn sie zum ersten
Mal ausgedrücket seyn, nochmals, weil sonst zu
viel Saft zurück bleibet.

349. Gurken in Zucker.

Große Gurken werden abgeschälet und aus=
gehöhlet. Dann in Fingerlange Stücken ge=
schnitten, alsdann in Wasser meist mürbe ge=

kocht. Herausgenommen, mit Zitronenschaale
und Nelken durchstecket und in einen Hefen gelegt. Ein quart Weineßig wird mit $^8/_4$ Pfd.
Zucker gekocht und kühl auf die Gurken gegossen.
Den anderen Tag läßet man die Gurken auf den
Durchschlag rein ablaufen, kocht die Sooße bis
sie sämig und läßet die Gurken noch einmal mit
aufkochen.

350. Eingemachte Weinbeeren.

Die Beeren von noch nicht völlig reifen
Trauben werden abgepflücket und gewogen, zu
jedem Pfd. derselben $^8/_4$ Pfd. Zucker genommen,
der Zucker wird vorher angefeuchtet, gekocht und
sorgfältig abgeschäumet. Ist das geschehen, so
werden die Beeren hinein geschüttet und so lange
gekocht, bis sie zerplatzen. Alsdann wird die
ganze Masse in eine Terrine gethan und die
Samenkörner abgeschöpfet, welches am bequemsten
mit einem Eßlöffel geschieht, welcher in einen
Schaumlöffel gegossen wird. (Somit der Zucker
abläuft und die Körner zurückbleiben.) Den
folgenden Tag wird der Zucker (jedoch ohne die
Beeren) nochmals $^1/_4$ Stunde lang gekocht, damit er dicker und derber werde.

Wenn dieß alles geschehen ist, muß die ganze
Masse völlig warm in Gläßer gethan und mit

Blasen völlig und sorgfältig bedeckt werden, nehmlich wenn sie gänzlich erkaltet sind.

351. Johannisbeeren ohne zu kochen einzumachen.

Man nimmt halb rothe, halb weiße Johannis=beeren, preßt den Saft aus und rechnet so viel Pfd. Saft so viel Zucker. Der Zucker wird gerieben und gesiebt, auf's Feuer gesetzt, daß er anfängt warm zu werden, aber nicht klumpig ist. Dann wird er herunter genommen und der Saft allmählich darin klahr gerühret, in Gläßer gethan und verwahret.

352. Himbeeren einzumachen.

Zu den Himbeeren wird auf 1 Pfd. 1½ Pfd. Zucker genommen. Auf den Zucker gießet man ohn=gefähr 1 quart ausgedrückten Saft. Wenn dieser anfängt, etwas steif zu werden, thut man die Himbeeren dazu und läßet sie einmal mit auf=kochen. Nun ziehet man sie mit einer Schaum=kelle aus und leget sie in eine Terrine. Den Zucker mit dem Saft kochet man dick, daß er stehet, dann gießet man ihn wieder auf die Him=beeren und läßet ihn die Nacht stehen. Den an=deren Tag wiederholt man die Prozedur, läßet aber zuletzt die Himbeeren noch mit aufkochen.

353. Aprikosen einzumachen.

Man nimmt die Aprikosen, wenn sie noch
nicht recht gelb sind, schälet sie ab, schläget den
Stein auf, und stecket den Kern wieder in die
Aprikosen. Dann wiegt man sie und so viel Pfd.
Aprikosen so viel Pfd. Zucker nimmt man; dann
gießet man etwas Wasser auf den Zucker. Wenn
er einmal aufgekocht und geschäumt ist, thut
man die Aprikosen hinein. Wenn es nun einmal
zusammen aufgekocht, gießet man es in eine
Porzelaine-Schüssel und lässet es 24 Stunden
stehn. Danach wird es wieder auf's Feuer gesetzet, und wenn es in vollem Kochen, muß man
es abnehmen und ein wenig stehen lassen, und
dann wieder aufsetzen. Daß man sie oft vom
Feuer nimmt, ist dazu gut, daß die Aprikosen
nicht verkochen, und sie behalten auch den Obst-
Geschmack besser. Wenn nun der Zucker sich
ein wenig ziehen lässet, dann ist es gut. Nach
Mama ihrer Meinung muß der Saft gewiß
noch nachdem die Aprikosen heraus genommen,
nachgekocht werden, denn er hält sich sonst un-
möglich.

354. Pfirsiche in Branntwein.

Tante Lüttwitzen macht sie auf folgende Art:
Sie nimmt auf 1 Pfd. Pfirsiche oder Aprikosen
$1/2$ Pfd. Zucker, kochet solchen bis er sich ziehen

läßet; alsdann thut sie die Frucht ungeschält hinein, drehet sie mit einem silbernen Löffel leise um, damit sie auf allen Seiten weich wird. Nun ziehet sie sie heraus, läßet sie kalt werden, wodurch sie etwas hart wird. Nun packt sie sie in Gläßer ein. Unterdessen kochet sie den Zucker wieder zum Ziehen, und nun diesen auf die Früchte und zuletzt gießet sie von dem stärksten Heuselschen Liqueur darauf. Ich meinerseits würde lieber guten Franz-Branntwein nehmen, weil ich glaube, daß es mit dem Heuselschen zu süße ist.

NB. Die Früchte müssen nicht ganz reif seyn, und das Glaß des Spiritus wegen mit einer Blase verbunden seyn. Emigrante haben uns gesagt, man koche in Frankreich oftmals die Früchte bloß in Wasser, so würden sie trocken ins Glaß gelegt und Franz-Branntwein darauf.

355. Stachelbeeren einzumachen.

Wiege 3 Theile Stachelbeeren und 2 Theile Zucker ab, koche den Zucker mit etlichen Stücken Zimmt bis er sich ziehen läßt. Alsdann wirf die Stachelbeeren hinein. Haben sie etlichemale aufgekocht, so thu sie in Zuckergläßer und koche den Zucker noch bis er dick genung ist. Alsdann gieße ihn über die Stachelbeeren und binde, wenn sie kalt sind, das Gefäß zu.

Mit Himbeeren wird es eben so gemacht.

356. Pflaumen in Zucker.

Auf 1 Pfd. Pflaumen ½ Pfd. Zucker. Letzterer mit Wasser angefeuchtet und kochen lassen, aber nicht zu dick. Alsdann die Pflaumen hinein gethan, bis sie anfangen aufzuplatzen. Dann geschwind herausgenommen, die Brühe noch etwas gekocht und dann aufgegossen. Den anderen Tag die Pflaumen mit der Brühe wieder auf's Feuer gesetzet, und wenn es anfängt zu kochen, die Pflaumen herausgenommen, den Zucker recht dick kochen lassen, etwas Nelken darein gethan und aufgegossen. Dann nach 8 Tagen wieder aufgekocht.

357. Glaßkirschen einzumachen.

Man nimmt Glaßkirschen, die noch nicht überreif sind, von der ersten Sorte und macht sauber die Kerne heraus. Alsdann nimmt man auf das Pfd. Kirschen ein halb Pfd. ordinären Kochzucker. Auf ein Pfd. Zucker gießet man ein Weinglaß voll Wasser. Dann läßet man den Zucker kochen bis er anfängt steif zu werden. Dann nimmt man ihn vom Feuer, thut die Kirschen drein und läßet sie zusammen kochen bis die Brühe anfängt, dick zu werden; dann sind sie gut. Es muß aber nur von kleinem Holze ein Feuer darunter gemacht werden, damit sie hurtig kochen; doch muß man es sehr vor dem Ueberrennen in acht nehmen. Wenn sie zu langsam kochen, so verlieren sie ihre Röthe. Von 4 Schock Kirschen bekommt man ein Mittelglaß voll.

358. Rothe Johannisbeeren einzumachen.

Man pflücket die Beeren vom Stiele, und nimmt halb so viel Zucker als Beeren. Den Zucker kocht man wie gewöhnlich, und wenn er sich ziehen läßt, so legt man die Beeren hinein und läßet es kochen bis es dick ist. Man muß es aber nicht rühren, sonst gehen die Beeren entzwey.

359. Preißelbeeren mit Zucker.

Auf eine Metze Preißelbeeren nimmt man ¹/₄ Pfd. Zucker, von einer halben kleinen Zitrone die Schaale, ein halbes Quentchen Zimmt und halb so viel Nelken. Dieß alles thut man alsdann in einen messingnen Kessel, doch thut man denselben nicht ganz voll, weil sie im Anfange in die Höhe kommen. Im Anfange rühret man sie langsam, damit sie egal kochen. Sie kochen langsam auf Kohlen ohngefähr eine Stunde und werden hierauf warm in Steintöpfe gethan, da man alsdann die Brühe darüber gießet. Man kann sie auch mit den steinernen Töpfen gleich in den Bratofen setzen und in demselben schmohren laſſen. Man kann ſie auch ohne Zucker ſchmohren und ſie ſich nachher verſüßen. Sie ſchmohren in ihrer eigenen Brühe, ohne daß man nöthig hat, etwas hinzuzugießen. Wenn ſie erkaltet ſind, kann man ſie zubinden und an einen trocknen Ort ſetzen.

360. Grüne Wallnüſſe in Zucker.

Man nimmt die Nüſſe mit ſamt der grünen Schaale, aber noch vor Johanni, und läßet ſie 24 Stunden in Waſſer ſtehen. Dann wäſcht man ſie recht rein ab und nachdem man ſie mit einer Gabel einige male durchſtochen hat, kocht man ſie ſo weich, daß man ſie mit einem Stroh= halm durchſtehen kann. Dann ſpickt man ſie mit Nelken und Zimmt. Thut ſie alsdann in zu= vor zerlaſſenen Zucker und kochet ſie dann einige male damit auf; packe dann die Nüſſe in Kraußen *) und gieße den Zucker, den man noch einmal auf= kochet, darüber.

361. Grüne Wallnüſſe in Zucker auf eine andre Art.

Man nimmt die Nüſſe noch vor Johanni mit ſamt der grünen Schaale und läßet ſie 3 Tage wäſſern, aber alle Tage friſch Waſſer drauf ge=

---

*) Kraußen — gläſerne Gefäße.

goſſen. Wäſcht ſie dann rein ab und ſticht ſie mit einer Gabel. Dann läßet man ſie ſo weich kochen, daß man mit einem Strohhalm rein ſtechen kann, ſpicket ſie dann mit Nelken und Zimmt; thut ſie in zuvor zerlaſſenen Zucker (man rechnet auf 1 Pfd. Nüſſe 3 Pfd. Zucker) und kochet ſie dann einigemal damit auf. Packet alsdann die Nüſſe in Kraußen und gießet den Zucker, den man noch einmal aufkochet, darüber. (Ich habe zu 4 Pfd. Nüſſe nur 9 Pfd. Zucker genommen und hab gefunden, daß ich wohl noch 1 Pfd. hätte ſparen können.)

362. Pflaumenmuß einzukochen.

Dabey iſt nichts weiter zu thun, als man nimmt die Kerne heraus und läßet ſie in einem Keſſel einkochen. Zu dem ſogenannten feinen Pflaumenmuß ſchälet man die Pflaumen und thut etwas Zucker und Zimmt daran.

363. Aepfel-Saft ohne Zucker.

So macht man es auch mit Zwetſchen, und nun gießet man Aepfelgelée ein, das man ohne Zucker verfertigt. Man nimmt Borsdorfer Aepfel, macht ſie mit einem Tuche rein ab und reibt ſie auf einem Reibeiſen klein. Läßt ſie über Nacht in einem irdenen Gefäße ſtehn und zieht dann

den Saft durch ein Haarſieb ab. Solches muß
im Zuckerkeſſel ſo lange kochen bis es dick und
eine Sülze wird.

364. Erdbeer-Saft.

Man gießet auf die Feld-Erdbeeren kochend
Waſſer und läßet ſie am Feuer ziehen. Merkt
man, daß es will anfangen zu kochen, gießet
man das Waſſer ab, aber drücket nicht die Erdbeeren ſehr, weil es ſonſt trübe wird. Dann
meſſet man das Waſſer und rechnet auf's quart
$\frac{1}{2}$ Pfd. Zucker. Dieß muß zuſammen zu Gallert
kochen.

365. Kirſch-Fleiſch.

Man nimmt gute reife ſaure Kirſchen und
höhlet mit einer Feder behende die Steine aus; alsdann wieget man die Kirſchen und rechnet auf 1 Pfd.
Kirſchen 1½ Pfd. Zucker. Dann gießet man auf
den Zucker von dem dünnen Saft und läßet es
kochen und ſchäumet es brav. Nachher thut
man die ganze Maſſe darinnen; es muß alles
in allem gewiß drey Stunden kochen. Man
richtet ſich danach, ob der Saft dick genung iſt.
Wegen dem Anbrennen muß es dann und wann
umgerühret werden. Dieß muß aber ſehr behende geſchehen, damit die Kirſchen ganz bleiben.
Dann klopft man eine ganze Parthie Kerne aus,

stößet Zimmt und Nelken und mischt dieß darunter. Dieß thut man ohngefähr ½ Stunde vorher, ehe man es in Gläßer thut.

Ich habe es 2 Stunden kochen lassen und gefunden, daß es sehr hinlänglich war.

366. Bittere Pomeranzen einzumachen.

Man nimmt die Pomeranzen, wieget sie und rechnet auf 1 Pfd. Pom. ½ Pfd. Zucker. Alsdann sticht man die Pom. mit einer Nadel und läßet sie 3 Tage in Wasser stehen. Man muß aber nicht vergessen, ihnen einen jeden Abend frisch Wasser zu geben. Alsdann knüpfet man sie in eine Serviette und läßet sie eine Stunde in Wasser kochen. Dann viertheilt oder achtelt man sie und wirft sie in den bereits schon dick gekochten Zucker. Glaubt man, daß sie genung haben, packt man sie in ein Glaß und gießet den Saft, nachdem man ihn wieder hat dick kochen lassen auf die Pomeranzen.

367. Gurken einzukochen.

Man nimmt große Gurken, doch nicht so, daß sie schon gelb sind. Schälet sie und hohlet die Kerne aus. Dann reibet man die Gurken etwas mit Salz ein. Wenn sie so eine Nacht gestanden haben, trocknet man sie mit einer Serviette sauber ab, packt sie lagenweise in einen Topf oder Glaß und zwischen eine jede Lage kommt: Türkischer Pfeffer, fein würflich geschnittener Meerrettig, weiße Senfkörner, Dill und geschälte Chalotten. Dieß packt man fest zusammen, thut recht guten Wein-Essig darüber, so ist es fertig. Man muß sich hüten, daß man nicht zu viel Pfeffer nimmt, sonst wird es zu beißend. Die rothen Schaalen aber decoriren es sehr hübsch bey Tische. Die Gurken werden in der Länge von einander geschnitten und so die Kerne herausgenommen.

Man muß die Gurken nicht zu sehr salzen, sonst werden sie zu welk.

368. Melonen in Zucker.

Man nimmt die Melonen, wenn sie noch nicht reif sind, und schneidet sie, ohngefähr wie die Reifen der Melone es andeuten, in Stücke. Selbige läßet man in gutem Wein-Essig einige Male aufkochen. Alsdann werden sie auf ein Tischtuch gelegt, daß sie abtrocknen, worauf sie mit Nelken und Zimmt besteckt werden, ohngefähr auf jedes 2 Nelken und 3 Stückchen Zimmt. Alsdann werden sie in ein Glaß gepackt und zwischen eine jede Lage fein geriebenen Zucker dick gestreuet.

14*

Sie sind aber nicht bald gut, sondern nach einigen Wochen muß der Saft abgegossen und etwas dick gekocht und wieder auf die Melonen gegossen werden. Dieß kann auch einige male geschehen; sollten die Melonen zu hart geblieben seyn, können selbige mit aufgekocht werden.

369. Himbeer-Essenz im Wasser.

Auf 2 Pfd. Himbeeren kommen 1 Pfd. Zucker und ½ quart guter Wein-Essig. Das heißt Berliner Pfd. und Maaß. Der Essig wird in einer Terrine auf die Himbeeren gegossen und bleibet darauf 24 Stunden stehen. Wenn der Essig abgegossen und durch ein Haarsieb etwas durchgedrücket ist, setzet man den feinen Zucker, mit Brunnenwasser angefeuchtet, auf das Feuer. Wenn er bräunlich wird, gießet man den Saft hinzu, und wenn es einige Male aufgewellet und gut geschäumet ist, läßet man ihn kalt werden. Darauf wird er auf Bouteillen gefüllet, welche 24 Stunden offen stehen bleiben. Darauf werden sie gekorkt und verpicht und halten sich im Keller Jahre lang. Man nimmt auch, wenn sie noch zu haben, etwas Erdbeeren dazu. Von 10 Pfd. Himbeeren hat Mama anno 1796 13 halbe Quartflaschen bekommen und hat ihr das Quart 13 Sgr. und 6 Pf. gekostet.

370. Kapern einzumachen.

Man sprengt die Schmergelknöspchen tüchtig mit Salz ein, läßt sie über Nacht zugedecket stehn, wischt sie am folgenden Morgen gut ab und gießet recht guten Essig, so gekochet, aber nur noch lauwarm ist, darüber.

371. Große Hanbutten.

Es werden solche aufgeschnitten; das Loch so klein wie möglich, und die Steine herausgepellet. Nun werden die Hanbutten mit fein länglich geschnittenen Mandeln und Zimmt voll gestochen. Auf das Pfd. Hanbutten ³/₄ Pfd. Zucker, dieses wird mit Wasser angefeuchtet und dick gekocht. Dann die Hanbutten hinein und immer etwas geschüttelt, damit der Zucker überstehet. Wenn sie eine Weile mitgekocht, alsdann gleich in Gläßer.

372. Pflaumen in Essig.

Auf 1¹/₂ Pfd. Pflaumen ¹/₂ Pfd. Zucker, etwas Nelken und Zimmt und soviel Essig, daß die Pflaumen bedecket werden. Die Pflaumen so mit der Haasche gepflückt seyn, werden am Stiele angefaßt und mit einer großen Nadel einigemale durchstochen. Dann mit Zimmt und Nelken in ein Glaß gepackt; der Zucker, welcher mit Wasser etwas angefeuchtet ist, wird mit Essig gekocht

und so kochend über die Pflaumen gegossen. So
wird noch zwei Tage hintereinander verfahren.
Ich habe sie so ganz vortrefflich gefunden, nur
glaube ich, das Wasser sollte vom Zucker bleiben.
Nach dem Recept von meiner Großmutter werden
die Pflaumen zum letzten mal mit aufgesetzt.

NB. Auf selbige Art werden auch saure
Kirschen eingemacht.

373. Cahor-Pflaumen.

Wie vor., nur mit dem Unterschied, daß halb
Essig und halb Cahor genommen wird.

374. Gelbe Rüben.

Man schälet große von den brandgelben
Rüben, dann schneidet man diese ohngefähr wie
einen Finger lang, leget 4 bis 5 Stücken aufeinander und schneidet es so lange und fein wie
möglich, wo sie dann ganz krauß vor dem Messer
zusammen laufen.

Dann nimmt man auf 1 Pfd. Rüben $\frac{3}{4}$ Pfd.
Zucker, auch kommen 5 Zitronen auf das Pfd.
Diese werden abgeschälet, so fein und länglich
als möglich geschnitten, der Saft aber auf den
geriebenen Zucker gedrückt. Die Rüben werden
nun nebst der Zitronen-Schaale in Wasser mürbe
gekocht, doch jedes apart, weil die Zitrone die

Rüben sonst bitter machen würden. Nun läßet man das Wasser davon in einem Durchschlag ablaufen, dann zu dem Zucker gethan und fleißig umgerühret. Damit müssen sie einige Zeit gut schmohren bis der Zucker anfängt, dicklicht zu werden, dann etwas abgekühlet und in Kraußen gefüllet.

375. Pflaumen in Essig einzumachen.

Man thut die Pflaumen mit den Stielen in einen Bunzlauer Topf, und Zimmt und Nelken nach Belieben dazu. Dann nehme man auf ein quart guten Weineßig 1 Pfd. Zucker, laße ihn mit dem Essig so lange kochen, bis man den Schaum herunter holt, den kalt werden laßen und auf die Pflaumen gegossen. In wenigen Tagen gießet man den Essig ab, kocht ihn wieder auf, abgeschäumet kalt werden laßen und wieder auf die Pflaumen gegossen. Dasselbe wiederholt man in 5 —6 Tagen abermals.

376. Eingemachte gelbe Rüben.

Man nimmt die gelben Rüben, wählet davon die dunkelgelben, schabet sie recht rein und schneidet sie in fingerlange ganz feine Streifen. Dann nimmt man auf ein Pfd. geschnittner Rüben 2 Zitronen, wovon man die Schaale eben so fein und lang schneidet wie die Rüben, und läßet sie dann in zuvor zerlassenen Zucker (bestimmt weiß ich nicht, wie viel man nimmt, doch pflegt man sonst auf ein Pfd. Obst ein ½ Pfd. Zucker zu nehmen; hier aber muß es etwas mehr seyn) kochen. Dann gießet man den Zitronen-Saft, welcher ausgepreßt ist, dazu, und läßet es noch einmal aufkochen. Packt es dann in gläserne Kraußen; es konservirt sich sehr gut.

377. Hanbutten sauer einzumachen.

Man nimmt auf 2 Pfd. Hanbutten ¾ Pfd. Zucker, ein halbes Maaß Wein-Eßig und ein Quentchen Zimmt. Man läßet den Zucker, Zimmt und Eßig kochen. Die Hanbutten müssen aber frisch seyn und rein ausgeputzt werden. Alsdann läßet man sie eine Vierthel-Stunde lang mit dem Zucker kochen, thut sie mit demselben in einen Steintopf und läßet sie 24 Stunden stehen. Der Zucker aber muß wie Syrup seyn. Hierauf läßet man sie aber eine halbe Viertelstunde kochen, thut sie dann in Einmache-Gläßer, legt einige kleingeschnittene Nelken da-zwischen und gießet den dickgekochten Zucker darüber. Man muß nach etlichen Wochen nach-sehen; ist der Zucker dünn geworden, so kochet man ihn noch einmal auf.

378. Grüne Schotterbſen zu konſerviren.

Man pellet ſie aus der Schaale und läßet ſie nur einige male in geſalzenem Waſſer aufwellen, ſchüttet ſie dann auf ein Tuch und läßet ſie an der Luft, aber nicht an der Sonne trocknen, wendet ſie öfter um; wenn ſie ſo hart wie kleine Steinchen geworden ſind, verwahrt man ſie in einer blechernen Büchſe oder gläſernem Gefäß, welches zugemacht werden kann. Zu einem Gericht braucht man nur 2 Taſſen voll von ſolchen getrockneten Erbſen.

379. Wein-Trauben zu konſerviren.

Siegle die Stiele, binde ſie an Reifen; wo ſie dann in einem kalten Gewölbe, wo ſie jedoch vor dem verfrieren ſicher ſind, aufgehangen werden müſſen.

380. Pflaumen zu konſerviren.

Nimm die Pflaumen, wiſche aber nicht das Blaue ab und tauche ſie in zerlaſſenes weißes Wachs, welches aber nicht kochend ſeyn muß, weil ſonſt die Pflaumen ſchrumpeln. Laſſe ſie dann trocken werden, packe ſie in eine Schachtel ein und laſſe ſie ſtehen. Will man ſie eſſen, ſo macht man das Wachs ſauber ab.

381. Eingemachte Rothe-Rüben.

Putze und wasche die Rüben recht ab; schneide aber das Kraut nicht zu tief ab, sonst verliehrt die Rübe ihre natürliche Röthe. Koche sie dann so weich als nöthig ist. Dann nimm sie heraus und schneide sie in Pritzelchen. Dann packe sie in einen irdenen Topf; doch muß man schicht-weise Karbe und Meerrettig dazwischen streuen. Sodann nimm ein Theil der Rothe-Rüben-Brühe, klähre sie und meliere sie mit vorhergekochtem Weineſſig.

Eſſig nimmt man nach gutdünken, je nach-dem man sie gern sauer oder nicht sauer haben will, und gieße solchen dann auf die Rüben.

382. Champignons in Eſſig.

Wenn die Champignons sauber geschälet und rein abgewaschen sind, werden sie mit Eſſig, Pfeffer, Englisch Gewürtz, Lorbeerblättern und etwas weniges Salz einige male aufgekocht. So-dann in gläßerne Krüge oder Töpfe eingepackt und dann Eſſig darauf gegossen und verwahrt. Auf selbige Art kann man grüne Bohnen, Pfeffer-gurken und Judenbärte einmachen. Doch pfleget man auch die Pfeffergurken zuweilen gar nicht zu kochen, sondern nur so mit allem zugehörigen einzupacken und den Eſſig, welcher zwar gekocht,

aber kalt ist, darauf zu gießen und recht oft durcheinander zu schütteln.

383. Eingemachte Bohnen.

Die eingemachten Bohnen, wenn sie das erste
mal mit Wasser abgekocht, werden mit einem
großen Theelöffel voll Pottasche aufgesetzet, und
nachher tüchtig abgewaschen. Wenn sie mit Fleisch-
brühe, Butter und etwas Semmel brav durchgekocht, wird zuletzt etwas Sahne daran gegossen.

384. Hanbutten sauer einzumachen.

Man nimmt auf 2 Pfd. Hanbutten $\frac{3}{4}$ Pfd.
Zucker, ein halbes Maaß Wein-Essig und ein
Quentchen Zimmt und läßet den Zucker, Zimmt
und Wein-Essig kochen. Die Hanbutten müssen
aber frisch seyn und rein abgeputzt werden. Alsdann läßet man sie eine Viertelstunde lang mit
dem Zucker kochen, thut sie mit demselben in
einen Steintopf und läßet sie 24 Stunden stehen;
der Zucker aber muß wie Syrup sein. Hierauf
läßet man sie eine halbe Viertelstunde kochen,
thut sie in Einmachegläßer, legt einige kleingeschnittene Nelken dazwischen und gießet den dickgekochten Zucker darüber.

385. Sauerampfer zu konserviren.

Der Sauerampfer wird sauber geputzt, aber nicht gewaschen, und lagenweise in einen irdnen Topf (zwischen jede Lage etwas Salz gestreuet), geleget, und so stehen lassen. So bald es sich gesenkt hat, continuirt man bis der Topf ganz voll ist, beschwert ihn und bewahrt ihn bis zum Gebrauch. Alsdann muß er aber gut gewaschen und ein wenig ausgewässert werden.

386. Gurken einzusauern.

Man nimmt zu den Gurken, welche bis zu den nächsten Gurken dauern sollen, die schönsten ganz ohne Flecken, wäschet sie sauber ab und leget sie in ein Faß mit Weinranken, Kirsch= blättern und Dill lagenweise ein. Dann gießet man mit Salz abgekochtes Wasser kochend darauf. Wenn es kalt geworden, so wird dasselbe Wasser wieder kochend darauf gegossen; und so wird dreimal verfahren. Zum dritten mal wird aber das Faß augenblicklich, so warm es ist, ver= sperret und dann in den Keller gesetzet, wo es alle Tage umgekehret werden muß. Das pro= batum est erfährt man beim Pfarrer Wiedemann.

387. Gänse sauer einzukochen.

Die Gänse werden sehr sauber abgeputzet, und zerschnitten, das heißet die Brust wird ausge=

schnitten wie zur Spickgans. Die Keulen werden ebenso, so groß wie möglich, ausgelöset, die Flügel, Magen, Herz und die Poten werden mit den Gedärmen bewickelt. Auf eine Gans nimmt man 2 quart Essig und 3 Kälber-Poten. Das Fleisch läßet man ¼ Stunde in Wasser abkochen, damit man das Schmalz abnehmen kann; dann läßet man die Brühe klahr werden, gießet den Essig auf die Gans und soviel von der Brühe daran, daß das Fleisch bedeckt ist, alsdann Salz, Zwiebeln und die Kälberpoten daran. Wenn es gahr ist, wird das Fleisch herausgezogen, und der Gallert muß die Nacht durch klähren; am Morgen wird er in die warme Stube gesetzt und denn ganz sauber über das Fleisch gegossen. Das Fett muß bis auf den letzten Tropfen abgenommen werden, man kann dieses, weil es nun vom Essig sauer wird, höchstens im Sauerkohl brauchen, auch aus dieser Ursache wird die Gans erst im Wasser abgekocht.

388. Eyer-Käse.

Zu 1 quart Milch, werden 12 Eyer genommen, das Weiße und Gelbe gut durchgequirlet, die Milch dazu gerühret. Dann läßt man diese Masse mit dem Topf in einer Kastrolle oder einem Kessel mit siedendem Wasser kochen bis die Milch recht dick ist. Dann füllt man die Form recht und setzt sie hohl in eine Schüssel, damit die Wadike rein abläuft; wenn es kalt, wird die Form umgestürzt, so daß.die Spitzen oben stehen. Zur Sooße dazu: auf 1 quart Sahne 8 Eyer, übrigens süße Mandelmilch. Nr. 391.

Diese Speise soll eigentlich den Tag vorher gemacht werden.

389. Ein anderer Eyer-Käse.

Zu diesem Eyer-Käse, den man Mittag essen kann, wenn er Morgens verfertigt wird, werden 6 quart Milch in einer Kastrolle gekocht; 26 Eyer, gut gequirlet, werden mit Rühren unter die kochende Milch gegossen. Nun lässet man sie eine Weile stehen, bis es scheinet anfangen zu wollen zu gerinnen, alsdann drehet man es etwas mit der Kelle um; und wenn sich Stückchen ziehen und die Milch sich bläulich abtheilet, nimmt man es eilig vom Feuer, weil sonst der Eyer-Käse zu drall wird. Nun füllet man ihn in die schon zurecht gesetzte Form, welche zum ablaufen hohl in einer Schüssel steht. Man thut wohl, wenn man ihn etwas früh abnimmt, weil er im Stehen noch nachkäset, und kann man ihn lieber noch wieder auf das Feuer setzen, auch das letzte in einen Durchschlag gießen, damit es nicht zu hart in der Wading wird, und dann aus der Form

gethan. Auf den Eyer-Käse kann man nun 2
bis 3 Teller setzen, damit er bald abläuft. Sooße
dazu: 1 quart Sahne oder Milch, 6 Eyer-Dotter,
Zimmt und Zucker, abgeriebene Zitronen-Schaale.
Hiemit wird die kochende Milch abgequirlet und
gahr gemacht.

390. Laab.

Der Laab wird gemacht von Gersten-Mehl
und Salz. Ein Teig mit dem Wasser angerühret,
worin der Kälbermagen 24 Stunden gelegen hat,
wenn er vorhero sauber gereinigt ist; dann wird
er gut ausgedehnet, dann der Teig darein gethan und so in der Luft getrocknet.

Wenn man die Milch nun laaben will, muß
solche lauwarm gemacht werden, als wenn sie
von der Kuh käme, und schabet man von diesem
Laab mit einem Messer etwa 3 Fingerhüte voll
ab, gießet etwa einen silbernen Löffel voll Wasser
darauf, auch wohl ein bißchen mehr, damit es
recht dünn wird. Alsdann wird solches durch
ein Läppchen in die Milch gegossen, so an 4 quart
seyn können, und nach einer guten Stunde ist
solche gelabet.

Der Teig muß feste wie ein Stein seyn und
hält sich Jahr und Tag, wenn er an einem
trockenen Orte liegt.

391. Eine gute Mandel-Milch. Kalt oder warm zu essen, mit oder ohne Schaum.

Auf 4 quart Milch nehme ½ Pfd. süße und 3 Loth bittere Mandeln; stoße oder reibe sie ganz fein. Koche sie in der Milch auf; dann nehme auf das quart 3 gelb von Eyer, rühre sie damit ab, und Zucker nebst Zimmt gieb nach Belieben.

392. Zitronen-Guß über Kuchen.

Man nimmt ¼ Pfd. fein geriebenen Zucker, Weiß von 1 Ey und ½ Zitrone; dieß wird zusammen immer gerühret bis es schäumig wird und Blasen machet. Scheinet es zu dick zu sein, so nimmt man noch die andere ½ Zitrone, schläget es wenigstens ¼ Stunde in einem weg und schmieret es auf die Kuchen.

393. Gallert von Weinbeeren oder Raisiné.

Wenn die noch nicht völlig reifen Trauben abgeschnitten und die Beeren abgepflücket sind, kocht man die letzteren, aber ohne Wasser. Dann drückt man ihren Saft aus, setzet ihn dann wieder auf ein gelindes Feuer, nachdem man zu jedem quart Saft ¾ Pfd. Zucker genommen, und läßet ihn kochen bis er so dick wie Gallert ist. Beim Kochen muß die Masse dann und wann umgerühret werden.

394. Eſſig à quatre voleurs.

Man nimmt 1 quart recht ſcharfen Eſſig, (Grüneberger ſoll der beſte dazu ſeyn), füllet dieſen in eine Berliner Flaſche, das heißt im Frühjahr, thut eine Handvoll Märzbecher Blumen hinein, und ſtellt ihn zugemacht in die Sonne; und ſo fährt man fort von allen Blumen, deren man habhaft werden kann, eine handvoll abgepflückte Blätter hineinzuthun. Wenn die Blumen-Zeit vorbey iſt, gießet man den Eſſig durch ein dünnes Tuch, ſo daß alle Blätter zurückbleiben, füllet ihn in eine andere Flaſche und macht ſie ſorgfältig zu. Dieſer Eſſig hält ſich mehrere Jahre und iſt ſehr gut für Kopfſchmerzen u. ſ. w.

395. Roſen-Waſſer zu machen.

Auf ½ Pfd. Roſen nimmt man 6 quart Waſſer, dieß wird ſiedend über die Roſen und nach 24 Stunden abgegoſſen. Dann in recht kleine Flaſchen gefüllet, weil es ſonſt leicht verdirbt. Will man es noch ſtärker haben, ſo wird das Waſſer wieder aufgekochet und ſiedend wieder über friſche Roſen gegoſſen.

396. Limonaden-Saft.

Auf 1 Pfd. Zitronen-Saft wird 1½ Pfd. Zucker genommen. Dieß wird ſo lange geſotten,

bis Tropfen vom Löffel fallen. Zuletzt abgeriebene Zitrone daran. Wenn es kalt wird, in
Flaschen gefüllet.

397. Sirup d'Orgeade.

½ Pfd. süße und ⅝ Pfd. bittere Mandeln
werden recht fein gerieben und mit ¾ quart
Wasser durch eine Serviette gepreßt. Dann
¾ Pfd. Zucker zum ordentlichen Sirup gesotten
und solchen darunter gerühret, worauf es aber
nicht lange stehen darf, sonst verraucht der
Mandel-Geschmack. Alsdann in kleine Flaschen
gefüllt.

398. Faß-Butter zu frischer Butter.

Die Butter wird ausgewaschen, nach Um-
ständen auch gewässert. Dann nimmt man auf
1 Pfd. Butter 6 Loth Salz und 6 Loth Zucker.
Dieß wird untereinander gerühret.

399. Essig von Holzäpfeln.

Die Holzäpfel, wenn sie sehr faul sind,
werden mit den Füßen zertreten. Dann etwas
Wasser darauf gegossen und dann durchgeschlagen,
nochmals getreten und wieder Wasser darauf
gegossen bis es ganz ausgegest. Dann wird die

Maſſe in ein Faß gefüllt und bis 12 Stunden stehen laſſen, bis es ſich geklährt hat. Dann abgegeſt, in ein ander Faß gegoſſen und ins Warme geſtellt. Hefen, Birken=Rinde und einige Erbſen dazu gethan und arbeiten laſſen bis es gehörig abgegohren hat. Dann feſt zugeſpinnt und 4 bis 5 Wochen ſtehen laſſen. Dann wird es gekocht und in Flaſchen gefüllt.

400. Pulver von mancherley Kräutern.

Man nimmt ein Theil Thymian, Peterſilie, Dragon, Pfefferkraut, von allen gleich viel, und 2 Theile Baſilikum; ſtoße es trocken, reibe es dann zu Pulver und gebrauche es. Dieß iſt vorzüglich an geſchmohrten Fleiſchſpeiſen und Ragouts.

401. Nutzen des Kleiwaſſers beim Brodbacken.

Ein Oekonom zu Durham in England, namens Haggot hat durch Verſuche erwieſen, daß das Mehl mit Kleiwaſſer geknetet, ein Fünftheil mehr Brod giebt, als wenn es mit bloßem Waſſer geknetet wird. Und die Kleie wird durch das Kochen nicht beſchädiget oder ihrer Beſtimmung entzogen. Es wurden zu einem Verſuche 5 Pfd. Kleie mit 4 Maaß Waſſer gekocht und abge=

15*

seihet. Hiermit wurden 50 Pfd. Mehl geknetet und die gewöhnliche Menge Salz und Sauerteig hinzugethan. Das Gewicht des ganzen Teigs, ehe er in den Ofen kam, betrug 93 Pfd. 26 Loth, also ohngefähr 8 Pfd. 20 Loth mehr als die nehmliche Menge Mehl auf die gewöhnliche Art geknetet. Im Backen verlor es 10 Pfd. 10 Loth. Die nehmliche Menge mit bloßem Wasser ge= knetet, verliert 15 Pfd. 22 Loth. So erhielt man also einen reinen Zuwachs von einem Fünftheil Brod und dieses hatte einen vortrefflichen Ge= schmack. Die Ursachen sind klar: Kleiwasser ist mehligt und schleimigt und wiegt ein halbes Pfd. mehr in einem Maaß, als gemeines Wasser, ver= dampft auch weniger in der Hitze. Sollte sich dieser Zuwachs an Brod bei einem großen Ver= suche, den mit aller Genauigkeit unter gehöriger Aufsicht anzustellen, allerdings der Mühe wert ist, bestätigen, so wäre der Nutzen davon für das Allgemeine gar nicht zu berechnen. Die Back= öfen würden sich leicht so einrichten lassen, daß sie zugleich einen Kessel zum Kochen des Klei= wassers heitzen könnten; und da die Kleie nicht verlohren geht, sondern nur ihren häufigen an= hängenden Mehlstoff hergiebt, so verursacht dieses leichte Verfahren beynahe keine Kosten, und der allgemeinen Klage über die Kleinheit des Brodes könnte so leicht abgeholfen werden.

402. Seife von Oliven- oder altem Fett zu kochen.

Auf unferen Kübel nehme ich 9 Scheffel gute Büchen-Afche und 1 Scheffel ungelöfchten Kalk. Die Afche wird mit warmem Waffer angefprenget, fo feucht, daß fie in der Hand zufammen klebet. Dann fchüttet man den Kalk in die Mitte und bringet die Afche auf einen runden Haufen und fchläget fie rund herum mit einer Schippe fefte. Sticht in der Mitte, wo der Kalk liegt ein rundes Loch, worin man warm Waffer gießet und als dann das Loch wieder zumachet, damit die Kraft nicht verrauchet. Und diefes wird rund herum fo lange wiederholet, bis man merket, daß der Kalk gelöfchet ift. Dann läßet man diefen Haufen 2—3 Stunden fo liegen, außer daß man bis-weilen die Borften (Riffe) zufchläget. Alsdann wird der Kübel gut mit Stroh ausgeleget, unter dem löchernen Boden, über dem Hahn ein Knoten von Stroh gemacht, und wenn die Afche gut durchgefchlüppet, folche auf den Kübel geworfen; hierauf gießet man 16 Achtel Waffer und läßet folche 48 Stunden ftehen. Den Tag fürhero, ehe ich kochen will, ziehe ich diefe Lauge ab, weil folches fehr langfam gehet und bekömmt man davon nur 5 Achtel, das übrige bleibet in der Afche. Hierzu thue 40 quart Olivenöl, laffe folches zufammen ungeftöhret 5 Stunden kochen.

Auf die Aſche habe wieder Waſſer gegoſſen, welches lau mir immer vorräthig halte um zuzugießen, weil es zuweilen außerordentlich in dem Keſſel ſteiget, und wozu mir eine blecherne Kelle halte, um es abzukühlen.

Nach dieſen 5 Stunden ſalze ich mit 3 Metzen Hering=Salz oder noch beſſer, wenn ich von Cabeljau haben kann, welches reiner iſt, laſſe es wieder 3 Stunden kochen, thue 1 Pfd. Weiß=Pech und für 4 Grſch. Pott=Aſche dazu, und wenn dieſes eine halbe Stunde mit gekocht, gießet man nach und nach 2 Achtel Waſſer zu dieſer Seife, laſſe ſie einmal damit aufkochen und fülle ſie in Keſſel. Die Hauptſache iſt, daß die Seife tüchtig geſalzen wird, und kann man es, ſobald das Salz zerkocht iſt, auf einem Teller ſehen, ob ſie ſich gut ſchmieret.

403. Gute weiße Seife in weniger Zeit zu kochen.

Man nimmt nach der Portion von 30 Pfd. Talg, 3 Scheffel gute wohlzugerichtete Aſche, thut ſolche in einen Keſſel, gießet 9 Eymer Waſſer darauf und läßet dieſes eine gute halbe Stunde kochen; dieſe Aſche nebſt Lauge gießet man ſodann in ein großes Küwen, decket ſolches feſte zu, daß die Lauge klahr ausſiehet. Alsdann

nimmt man 2 Metzen ungelöschten Kalk, thut
solchen in ein Gefäß, gießet von der klahren
Lauge drey Eymer voll darauf, rühret es gut
um, und wenn der Kalk sich wieder gesetzet,
gießet man diese nunmehr präparirte Lauge durch
ein reines Tuch. Sodann gießet man diese Kalk-
lauge in einen reinen Kessel, thut altes Talg dazu
und läßet es gut kochen. Zu der übrigen Asch-
lauge in dem Küwen gießet man nach Gutdünken,
so viel man davon glaubt, nöthig zu haben,
Wasser; von dieser klahren Lauge salzet man,
wenn die Seife tüchtig kochet, immer zu, wenn
das Talg in die Höhe kochet; hernach nimmt
man zu dieser Portion 1¹/₂ Metze Salz und um
2 Groschen Pottasche, und läßet es mit selbiger
noch eine gute Stunde kochen. Alsdann nimmt
man es vom Feuer, läßet es setzen und kalt
werden und schneidet es ins Probatum est.

NACHBEMERKUNG

Wenn die beiden Herausgeberinnen in ihrem Vorwort von 1903 schreiben, „nur ein reiner Akt der Pietät" treibe sie zur Herausgabe dieses Buches, so soll das nicht nachträglich bezweifelt werden; doch kann man auch nicht darüber hinwegsehen, daß die Wahl des Titels mit den Hinweisen auf die Königin Luise einerseits und Fontane andererseits nicht ganz zufällig zustande gekommen sein kann. Luise war die einzige preußische Königin, die echte Popularität besaß. Davon zeugen Denkmale, Gemälde und Legenden, auch Dramen, die ihr Leben auf die Berliner Bühnenbretter brachten, und einige Biographien, die zum Teil mehr als 10 Auflagen erreicht haben. Wer war diese Königin Luise?

Sie wurde als Prinzessin von Mecklenburg-Strelitz 1776 in Hannover geboren. 1793 heiratete sie den preußischen Kronprinzen, den späteren König Friedrich Wilhelm III. (seit 1797). Nach der Niederlage Preußens im Kampf gegen die französischen Eroberer bei Jena und Auerstedt 1806 mußte sie mit ihren Kindern nach Ostpreußen fliehen. Um für Preußen weniger harte Friedensbedingungen zu erreichen, versuchte sie, Napoleon zu beeindrucken, als sie sich 1807 im französischen Hauptquartier in Tilsit mit ihm traf, allerdings vergeblich. 1810 starb sie auf Schloß Hohenzieritz bei Neustrelitz. Ihr Lebensschicksal und ihr anmutiges Wesen führten zu einer Verklärung ihres Andenkens.

Die Verehrung für sie ist in Fontanes Beschreibung des Luisendenkmals in Gransee, das nach einer Zeichnung Schinkels entstand, zu spüren: „Und wie Gransee durch jenes Denkmal sich selber ehrte, so glänzt auch sein Name seitdem in jenem poetischen Schimmer, den *alles* empfängt, was früher oder später in irgendeine Beziehung zu der leuchtend-liebenswürdigen Erscheinung dieser Königin trat. Die moderne Historie weist kein ähnliches Beispiel von Reinheit, Glanz und schuldlosem Dulden auf und wir müssen bis in die Tage des frühen Mittelalters zurückgehn, um Erscheinungen von gleicher Lieblichkeit (und dann immer nur innerhalb der *Kirche*) zu begegnen. Königin Luise dagegen stand inmitten des *Lebens*, ohne daß das Leben einen Schatten auf sie geworfen hätte. Wohl hat sich die Verleumdung auch an ihr versucht, aber der böse Hauch vermochte den Spiegel nicht auf die Dauer zu trüben. *Mehr* als von der Verleumdung ihrer Feinde, hat sie von der Phrasenhaftigkeit ihrer Verherrlicher zu leiden gehabt. Sie starb *nicht* am ‚Unglück des Vaterlandes', das sie freilich bitter genug empfand. Übertreibungen, die dem einzelnen seine Gefühlswege vorschreiben wollen, reizen nur zum Widerspruch. Das Luisen-Denkmal zu Gransee hält das rechte Maß: es spricht nur für sich und die Stadt und ist rein persönlich in dem Ausdruck seiner Trauer. Und deshalb rührt es." (Theodor Fontane, Wanderungen durch die Mark Brandenburg. Die Grafschaft Ruppin).

Über die eigentliche Autorin dieses Kochbuches, F. C. Fontane, geb. Werner, ist uns nicht mehr als den beiden Herausgeberinnen bekannt. Wer aber waren diese beiden Damen, die 1903 sicher sein konnten, daß der Name Fontane einen guten Klang hatte, zumal ihr „gastronomischer Beitrag" im Verlag Friedrich Fontane, des Sohnes von Theodor Fontane, erschien?

Beide waren Schwestern von Theodor Fontane, dem Dichter, Schriftsteller, Journalisten, Kritiker und Briefschreiber par excellence, dessen bekannteste Werke die Romane „Irrungen, Wirrungen" (1887/88), „Effi Briest" (1894/95), „Der Stechlin" (1897/98) und seine „Wanderungen durch die Mark Brandenburg" in 4 Bänden (1861 bis 1881, „Fünf Schlösser" 1888) sind.

Jenny Sommerfeldt, geb. Fontane, (1823 bis 1904) war mit dem Apotheker Hermann Sommerfeldt verheiratet; dieser hatte die Apotheke in Letschin von seinem Schwiegervater Louis Henri Fontane übernommen.

Elisabeth (Eliese) Charlotte Weber, geb. Fontane, war Theodors Lieblingsschwester. Sie wurde 1838 in Mühlberg an der Elbe geboren. Ihr Bruder bat sie, die lange bei der Mutter in Neuruppin lebte, mehrfach um Hilfe bei der Stoffsuche für seinen ersten Band der „Wanderungen durch die Mark Brandenburg" (erschien 1861, noch ohne Untertitel). 1875 heiratete sie den Kaufmann Hermann Weber. 85jährig starb sie 1923 in Berlin; ihre Urne wurde im Grab der Mutter Emilie Fontane, geb. Labry, auf dem Alten Friedhof in Neuruppin beigesetzt.

Als 1865 die beiden damals jungen Damen gemeinsam in Eisenach Urlaub machten, schrieb der um ihr Wohlergehen besorgte und um gute Ratschläge nicht verlegene Bruder an sein „geliebtes Schwesternpaar" am 31. Juli: „Luft ist gut, aber Stimmung ist besser … Eher das Vergnügen kürzen, als es nicht voll genießen. Mehr Rationen Kalbsbraten und weniger Chokolade".

Peter Schaefer
Theodor-Fontane-Archiv
der Deutschen Staatsbibliothek
Februar 1989

WORTERKLÄRUNG

. . . . A . . . .

à la Daube . . . . . geschmort

à la Glace . . . . eingedickt

Alkermes . . . . . roter Lebens-
mittelfarbstoff aus der Kermes-
beere

. . . . B . . . .

Bärme . . . . Hefe

Bärmbrod . . . . Hefebrot

Blancmanger . . . Mandelgelee

Boutille . . . . Flasche

Brinken . . . . Ränder

Brignolen, Brünellen . . Pfirsich-
pflaumen

. . . . C . . . .

Cahor . französische Weinsorte

candiret . . . . kandiert

Carbonaden . . . . . . Fleisch-
scheiben

. . . . D . . . .

decoviret . . dekoriert, verziert

delicieuse . . . . köstlich

Dragon . . . . Estragon

. . . . E . . . . . .

Englisches Gewürz . . . Piment

Erd-Aepfel . . . . . . Kartoffeln

. . . . F . . . .

farçirt . . . . gefüllt

Farsch . . . . Füllung

Fittig . . . . . . Hechtrücken

Fließen . . . . . . Schweinefett

Franzbranntwein,

Franzwein . . . . . . Weinbrand

Fricandellen . . . Fleischklopse

. . . . G . . . . . .

Gelbrüben . . . . . Mohrrüben

Grisette . . . . . gefüllte Fleisch-
pastete

. . . . H . . . . . .

Haasche . . . . Mus

Hanbutten . . . . . Hagebutten

Heuselscher Liqueur . . Kräuter-
likör

Hufe . . . . Teigschüssel

Hohlhippen . . . . hohlförmiges
Gebäck

. . . . J . . . .

Judenbärte . Steinbrechgewächs

jus . . . . . entfetteter Bratensaft

. . . . K . . . .

Kaneel . . . . feine Zimtrinde

Karbe . . . . Kümmel

Königsbrod . . . . kuchenartiges
Brötchen

Küwen . . . . . . Schüsselchen

. . . . L . . . . . .

Liaison . . . Mischung zum An-
dicken

Loth . . . . 15,288 g

Lorch . . . . Lorchel

. . . . M . . . . . .

Maaß . . . . 1 l

Mairan . . . . Majoran

Mandel . . . . 15 Stück

Metze . . . . 3,5 l

Mispel . . birnenförmige Kern-
frucht

Mösel, Mößel . . . . 0,5 l

. . . . P . . . . . .

Petit Choux . . . . . Teegebäck

Pomeranze . . . . . Bitterorange

Pontac . . . . . Bordeauxwein

Potage . . . . Suppe

Pott . . . . 0,95 l

Poupetou . . . . Ragout

. . . . Q . . . . . .

Quart . . . . 1,145 l

Quent . . . . 1/10 Loth

. . . . R . . . . . .

Raisine . . . . . Weinbeergelee

. . . . S . . . . . .

Salatiere . . . . . Salatschüssel

Sannath . . . . Zander

Saucischen . . . . . Würstchen

Scheffel . . . . 23 l

Schock . . . . 60 Stück

. . . . T . . . . . .

Türkischer Pfeffer Gewürzpaprika

. . . . W . . . . . .

Wadike . . . . Molke

Wading . . . . Weißkäse

Water-Souchet,

Water-Zode . . . .
. . . . holländische Fischsuppe

Welschkraut . . . . Wirsingkohl

. . . . Z . . . . . .

Zuckerwurzel . . . .
. . . . . besondere Möhrenart